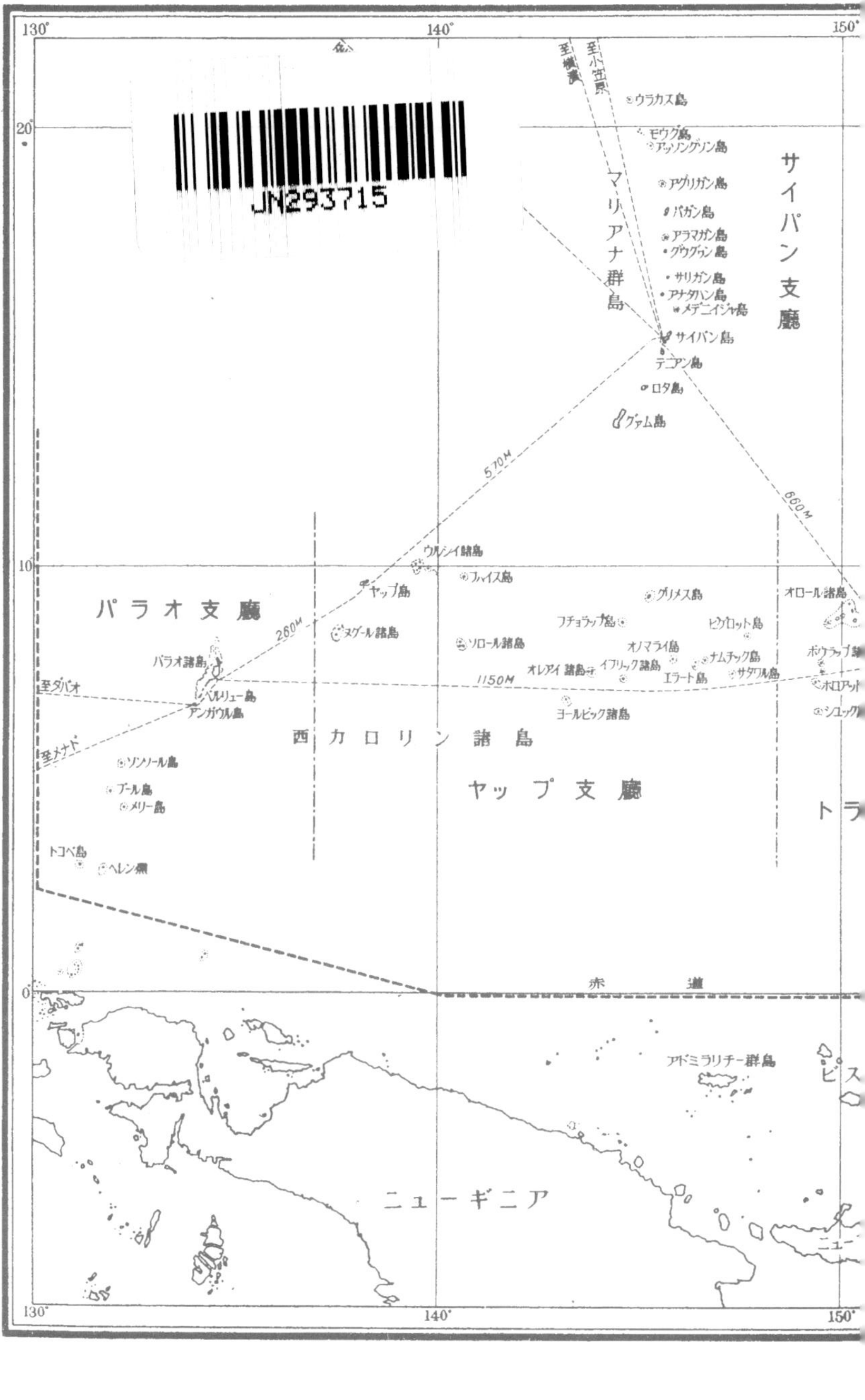
130°
140°
150°
20°
10°
0°
至横濱
至小笠原
ウラカス島
モウグ島
アッソングソン島
アグリガン島
パガン島
アラマガン島
グウグワン島
サリガン島
アナタハン島
メデニイジャ島
サイパン島
テニアン島
ロタ島
グァム島
マリアナ群島
サイパン支廳
570M
660M
ウルシイ諸島
ファイス島
ヤップ島
グリメス島
オロール諸島
パラオ支廳
260M
ヌグール諸島
フチョラップ島
ピケロット島
ソロール諸島
オノマライ島
パラオ諸島
オレアイ諸島
イフリック諸島
ナムチック島
エラート島
サタワル島
1150M
至ダバオ
ペルリュー島
アンガウル島
ヨールビック諸島
至メナド
西カロリン諸島
ソンソール島
プール島
メリー島
ヤップ支廳
トコベ島
ヘレン礁
赤道
アドミラリチー群島
ニューギニア

書簡に託した

# 『染木煦《あつし》のミクロネシア紀行』

染木煦著

求龍堂

染《そめ》木《き》煦《あつし》　1933年（昭和8）　南洋旅行のパスポート用に撮影したもの

ヤルート島風景　撮影：染木煦

サイパン島　ガラパンに移住せる離島土人の家　撮影：染木煦

ポペナ島　ジョカージ半島の入口にある大きなカヌー小屋（ピンゲラップ部落）　撮影：染木煦

ポナペ島　櫂踊り　撮影：染木煦

ポナペ島　コロニヤからウー部落の方へ行く途中入江にかけられた橋　撮影：染木煦

パラオの少女　1934年　油彩・板　個人蔵

昼食　1935年頃　油彩・カンヴァス　個人蔵

失題　1936年頃　油彩・カンヴァス　個人蔵

釣る人と犬　1937年　油彩・カンヴァス　個人蔵

叢林　1938年　油彩・カンヴァス　個人蔵

ポペナ島ジョカージ、水辺の土人バンガロー　1934年頃　エッチング・紙　町田市立国際版画美術館蔵

夕餉の支度をするクサイ島の女達　1939年　ステンシル・紙　個人蔵

サタワル島母子　1934年頃　エッチング・紙　町田市立国際版画美術館蔵

高貴な宝玉を胸に飾るパラオの女酋　1939年頃　リトグラフ・紙　個人蔵

パラオの少女　1939年頃　リトグラフ・紙　個人蔵

ヤップ島女人の舞踊装(ガチャパルのモロイ)　1939年　ステンシル・紙　町田市立国際版画美術館蔵

面　アバイの装飾画　1939年頃　ステンシル・紙　個人蔵

# 書簡に託した『染木煦のミクロネジア紀行』

目次

本文挿絵・染木煦

## 編集に際して

染木煦は昭和九年三月七日から九月二九日にかけてミクロネシア全域を巡航した際に、妻愛子に宛てて頻繁に書簡を送った。そしてそれらの手紙と、帰りの船中で記した紀行文を「南洋通信」と題して一束に綴じ保存していた。どうやら、染木はそれを原典とした出版を考えていたらしい。その「南洋通信」をもとに旅行の前半部分を原稿用紙に書き起こし、封筒に「書簡に托したミクロネジア紀行　一九四六年三月廿九日　日本は戦争の結果ミクロネジヤを失った　この紀行は其の以前の物である。今にはかに出版は不可能であるが、我生涯の一記録として保存する。」と筆で記しているのである。

本書は以下の原稿、妻愛子宛の書簡を編集したものである。

・第一便・三月七日から第一八便・六月一六日まで　書き起こし原稿（四百字詰原稿用紙）
・第一八便・六月一七日から第二五便・八月七日まで　愛子宛書簡（便箋）
・八月七日から一二日まで「白描南島記稿 弥東扁ノ一　昭和九年九月」（便箋）
・八月一三日から二七日まで（二百字詰原稿用紙）
・「ヤップ記」（二百字詰原稿用紙）

以上のうち、「白描南島記稿 弥東扁ノ一」はヤップ島からサイパンまでの船上もしくはサイパン辺りで書いたものと推定される。八月一三日から二七日までの原稿と「ヤップ記」はサイパンもしくはサイパンから横浜までの船上で書いたものと推定される。尚、八月二八日以降の書簡、紀行文は未確認である。

編集に際しては可能な限り原文に従ったが、誤字、脱字などは訂正し、句読点などを補った。用語の統一なども行った。

また口絵の説明や本文中、一部差別用語が含まれているが、原文は基本的に昭和九年に書かれたものであり、その時期の社会や政治、文化を記録するという観点からそのまま原文どおりに表記した。

編者

染木煦が現地で書き送った『ミクロネシア紀行』の書簡と書き直された原稿箋の原本

# 第一便　横浜より小笠原まで

## 三月七日

出発の際は御見送り有難う。船が埠頭を出ると直ぐ事務長に挨拶して室を定めました。筑後丸は小さい割に整った船で、一等船客は外人一人日本人一人小生を入れて三人、四畳半位の室を一人で占領するので大変便利です。蒲団、毛布、洗面等皆清潔で、ストーブ、扇風機もあり実に愉快です。

昼食は和食、客の他に事務長、一等運転手其の他二人の高級船員が一緒に食べました。

一時頃観音崎通過、ペルリの来た浦賀、続いて三浦三崎、歌に名高い城ヶ島を右舷に、房洲鋸山等を左に見て船は愈々東京湾を出ます。駆逐艦が盛に走って大きな煙幕を張る練習等をしてゐます。本線と行き会ふと船尾の国旗を一度上げて下ろします。これが船同志の敬礼です。

風は冷いが天気よく、波もまた静かで実に幸福な船出です。小生の心は希望と喜びに満ちております。此の幸福を直ぐ貴下に話すことの出来ないのが何より残念です。

二時頃大島が遙に見へ出しました。横浜に入港するエムプレス・オブ・ジャパンと云ふ巨船が左舷を通過して、しばらくしてから一台の飛行機が本船を追ひ越して行きました。

三時半頃お茶が出ました。大島を真西に、三原山の御神火は午后の逆光線を受けて銀色に光ってゐます。此の辺りから船は漸く揺れ出し、強い西風にあふられたウネリが右舷に砕けて白馬の様な飛沫を上げ上部甲板まで滝の様にかゝります。実に勇壮な気持です。

午后四時頃大島の南の利島、新島等を見、振り返へれば房総の山はもう霞の中に糸の様に消へかゝってゐます。やがて我本土は視界から消へるのでせう。これから夕食まで少し眠りませう。

五時半バスボーイが入浴を薦めに来て呉れました。風呂は塩水ですが、石鹼からタオルまで揃ってゐて実に快適でした。

風呂を出て甲板に出て見ると、本州の姿は今はもう全く消へ、只大島を遠く後方に、利島、鵜渡根島、新島、式根島の列島を右舷に見、早三宅島に近づきつゝあります。

六時に夕食、船長も席に着きました。夕食時より船の揺れはかへって少なくなり、風も止んで大変楽な航海になりました。

九時頃より寝につきましたが、トロッと一時眠ったと思ったら覚めて了ひました。寝不足にもかゝはらず容易に眠れません。生活の急変と三箇月間の苦心が今日初めて実現する嘉悦から来る興奮に目はさへるばかりです。

本を見たり写真を見たりしてゐる内海は再び荒くなり、船は上下に高くピッチングし始め、窓外は暗澹として只時々大しぶきが二箇の窓ガラスを洗ひ去ります。

## 三月八日

七時頃にはもう起きて了ひました。甲板に出て見ると朝方の大雨でビショぬれになってゐます。夜中の内に八丈島は通り越し、其の南にある青ヶ島は今朝見へたのだそうですが、私の起き方が遅かったのでもう見へません。朝の内は稍静かで空も時々晴れ、海水は昨日と変って物凄いまで蒼くなってゐましたが、朝食頃より八丈島西方に起った一五〇ミリの低気圧の影響を受け、山の様な大ウネリと滝の様な雨が船を右舷から襲ひ始め、船は酷くローリングし始めました。最早右舷甲板へは出られません。左舷のドアから外を見ると、今船が乗り過ぎた大ウネリが水平線より遙に高く砕けつゝ東方へ走って行きます。水平線は天井につかへる程高く上がり、次いで甲板の下にもぐる程下がって行きます。漁船が一隻難航してゐるのを見ました。名も知れぬ一丈程の大鳥が此の狂瀾の上をすれすれに飛んで餌を漁ってゐます。彼をして此の勇猛な行動を取らす者が巣に待ってゐるのでせう。私は此の海鳥に限り無い尊敬の念を払いました。旅はすべての者を哲学者にすると云ふ。大自然は総て生きた教科書なのですが、只僅かの者が此れを判読してゐます。道は沙羅双樹の下のみにあるので無く、偶々発見した者が其処に座ってゐたと云ふに過ぎません。

朝食時他の二人の船客は食堂に出ません。私と機関長とドクトルと事務長だけが食卓に座りましたが、ドクトルは半ばで退席しました。

食後天候は益々悪くなり船は激しく傾き、何をすることも出来ません。三半規管が狂って了った様です。何も仕事をしなければ良かったが、事務長が南洋の写真帳を貸して呉れたので、これを机の上に拡げて見てゐる内急に悪寒を感じ、次いで身体中が熱くなり、我知らず甲板に出るや腹中の清算をして了ひ、此の日一日はついにベッドに就きました。然し夕食時には再び元気を回復し、食堂は欠席しませんでした。

八丈ヶ島の脈が南へ〳〵とベヨネース列岩、白根島（非常に小さい）、須美寿島（高い岩島）、鳥島（又三子島）、更に其の南の孀婦岩へと続いてゐるのですが、距離も遠く天気も悪くてとても見へません。午后四時頃鳥島の西四〇浬の所を通過した筈なのです。

夕方に至り天気は稍回復しましたが、浪は益々大きく夕食に食卓の上の器物が落ち、テーブルクロースを直し、枠をはめました。然し食卓に出た人はホンの僅かでした。

夕食後東京のラヂオでローソップ島行き春日艦の話を聞き、非常に興に入りました。

この日正午本船の発表左の通り。

三月八日正午

北緯　三一度二五分　　東経　一四〇度五二分

航走浬程　昨日正午ヨリ二四六浬航走

自　横浜　二五六浬　　至　二見　二七一浬

天気　曇り　　風　西　六　　気温　大気一四度　海水一八度

## 三月九日

晴、天気は好くなりましたが、ウネリは未だ〳〵高く船のローリングは非常なものです。朝食前左舷遙に小笠原聟島列島の一部北之島の兀岩を見、続いて犬の前歯の様に沢山の岩山が現はれて来ました。始め沢山の岩山と思ったものが何時しか下が続いて一つの島となり、朝食を食べてゐる間に北之島の沖まで来て了ひました。

北之島、聟島、媒島少し離れて嫁島があり、媒島と聟島の間に針ノ岩、畳岩の兀岩あり、此れで聟島列島の全部です。

一〇時三〇分嫁島の沖に達し、南端の岩間に空洞のあるのが見へました。

一一時父島が見へ始め、昼食の間に早父島列島の弟島沖まで来ました。弟島、兄島、西島、父島、よく見へますが此処はスケッチも撮影も出来ません。

一時二〇分愈々父島の二見港が見へます。一時間程碇泊するそうですから其の間に島を見物するつもりです。

此の手紙は大切に保存し、次便、次便と重ねて綴ぢて置いて下さい。

## 第二便　小笠原よりサイパンまで

### 三月九日

夜、夕食前より船は小笠原母島の東に入り、西よりのウネリを母島に遮られる為め航海は至極平穏になりました。此の間に又詳しいお話をしませう。

今日午后一時二〇分、小笠原父島の二見港に入りました。錨を入れるとすぐ一隻のランチが来て憲兵の臨検を受けます。此処は非常に厳しく撮影、スケッチは無論許されません。

港内とは云っても西向きの入江ですから、西からのウネリが遠慮なく打ち入り本船についたランチはタラップ（本船から降りる木製の梯子）の下で上下一米突近くも動いてゐますから、乗り移りは中々危険です。

港内から見る父島は岩石多く、其の上に青々と熱帯植物が茂ってゐます。初めて見る南海の風物は既に私を喜ばせましたが、上陸するに及んで其の風物は更に美しく、先ず船から上がる浜の白砂は皆白い珊瑚の破片で、其の中に真青な奇麗な小石が混ってゐます。村の家は皆貧弱な藁葺きですが、街路亭々と茂ってゐるタマナ（南洋群島に普通に見る喬木で、其の材は甚良質、重要な南洋材の一種で建築材、独木船材として最も良好である。種子から油を採り灯火用に供することが出来る。沖縄ではヤラボと云ふ。葉は厚く丸く、暗緑色をなし、其の茂ってゐる状は非常に美しい）の大樹は実に素晴らしく、民家の中庭には累々と果実をつけたパ、イヤ（元来は熱帯アメリカの原産であるが今では熱帯地方到る所に産す。パ、イヤを知らぬ者もあるまひが、其の若木は枝を生ぜず幹頭に累々と実をつける。実は軟く、甘く、少しく臭気あり。パ、インを多く含む。肉類の消化を助ける）が栽培してあります。

又椰子、棕櫚、芭蕉、蛸の木果ては名も姿も初めて見聞する様な植物が沢山あります。

島庁の裏に商品陳列館がありますが、此の辺の植物相当の美しさ、小笠原でさへ既に此の通りですから南洋へ行ったらどんなだらうと思はず興奮し、勇み立ちました。

島庁から陳列館までの道の両側にはあらゆる小笠原特有の植物が植へてあり、植物園式に名称がついてゐます、そして道は皆白珊瑚で敷きつめてあります。

陳列館は狭いが木材、鳥、其の他の産物が一通り陳列してあります。上陸時間が一時間しか無いのでゆっくり見物も出来ませんが、若し出来れば此処だけでも相当面白い物です。色々の絵葉書を買ひ、三時半船に帰り、四時にはもう出帆しました。

出港の時事務長と一緒に船橋《ブリッヂ》へ昇らせて貰ひました。此処は船長や運転手が船の運転を指揮してゐる所で、船中で一番眺望の良い所です。出港時なので船長も一等運転手も舵手も皆働いてゐました。船長が命令を下し、運転手が測定をし、一人の助手がゐて色々の命令を電話で機関部へ伝へてゐます。舵手は黙々と舵輪を握ってゐます。此処が船の神経中枢で、此の人々は昨日の様な風浪の日でも、又夜中でも一瞬も止ることなくこうして航海を安全にする事に努力してゐるのです。

船橋の当番時間は
午前四時―八時、午後四時―八時　一等運転手
午前八時―一二時、午後八時―一二時　三等運転手
午前零時―四時、午後零時―四時　二等運転手
船長は当番なく出港、入港及びすべて困難の時は出ることになってゐます。
機関部も又同じ割合の交替で、機関長には当番なく、特別の場合のみ部署につきます。
入港、出港の時は船長が船橋に、一等運転手は船首で錨の巻き上げ、巻き下ろしを指揮し、二等運転手は船尾を警戒します。これを船員の間で「スタンバイ」と称し総掛りの活動です。

船は今、八時三〇分母島の陰を出たらしく、又少し動揺し始めました。明日から夏服になるのだそうです。愈々希望の地南洋は近づきました。九時就寝。
本日筑後丸発表左の通り。
三月九日正午
　北緯　二七度一五分　東経　一四二度〇六分
　航走浬程　昨日正午ヨリ二五八浬
　自　横浜　五一四浬　至　二見　一五浬

天気　晴　　風　西北西　四　　気圧　七六三ミリ　　気温　大気一七度　海水一八度

三月一〇日

昨夜は海が穏かでよく眠れました。朝は私の時計の六時半に起きました。私の時計は昨夜のJOAKに合はせてあるので、今晩二時に二一分進めた南洋標準時で云へば既に七時に近いのです。

毎朝ボーイの持って来るコーヒーとトーストを食べて甲板に出て見ると、海が濃藍色に変ってゐます。まるで紺屋の藍壺の様な色です。南洋へ行けばもっと青いと船長が話しました。朝食の時、昨日小笠原で買ったバナヽを皆で食べました。今日は又実に快い航海です。

本船の航路の西に遠く北硫黄島、硫黄島、南硫黄島の火山列島があるわけなのですが、距離が遠くて見へず、此処等は世界でも有数の深海で、船長の話では五、九〇〇〇米突位あるそうですから、此の船の下に富士山と赤城山とが重なって入って了ふ程深いのです。

見へる物と云っては空と海ばかり、今日は一日何も見へませんでした。

昼はもう日向にゐては熱く、船中は皆白の麻服になりました。

夜に入っては愈々夏の様で、静かな清い海の上を船は涼風を切って日一日と南洋に近づいて行きます。

海には夜光虫がピカピカと光ってゐます。

三月一〇日筑後丸発表左の通り。

北緯　二三度四二分　　東経　一四三度三七分
航走浬程
自　二見　二二〇浬　至　サイパン　五二三浬
天気　晴　風　北西　三　気圧　七六三ミリ　気温　大気二三度　海水二二度

三月一一日

曇、今晩二時、時計を又二〇分進めます。

六時半ボーイが来てウラカス島が見へますと教へて呉れたので起きて見ると、左舷近くウラカスの活火山島が眼に入りました。南洋マリアナ群島中最北の島です。嗚呼、到頭憧れの南洋へ来ました。

船は島の西六浬の近距離を過ぎました。船長が船客への御馳走に故意に近寄せたのです。ウラカス島は無住の活火山島で標高三一九米突。海上三六浬の距離から見ることが出来るそうで、富士山の形をし、今は極く僅かしか煙を吹いてゐませんが、昨年頃は非常な活動をしてゐたそうです。

続いて三個の小島から成るモウグと云ふ島の一〇浬沖を通りました。これも旧火山ですが火口壁が割れて三個の島となり、中に静かな海を湛へてゐます。

正午には八九一米突の高度を有する休火山アソンソン島の沖を過ぎました。此の島も富士山そっくりの形をしてゐます。

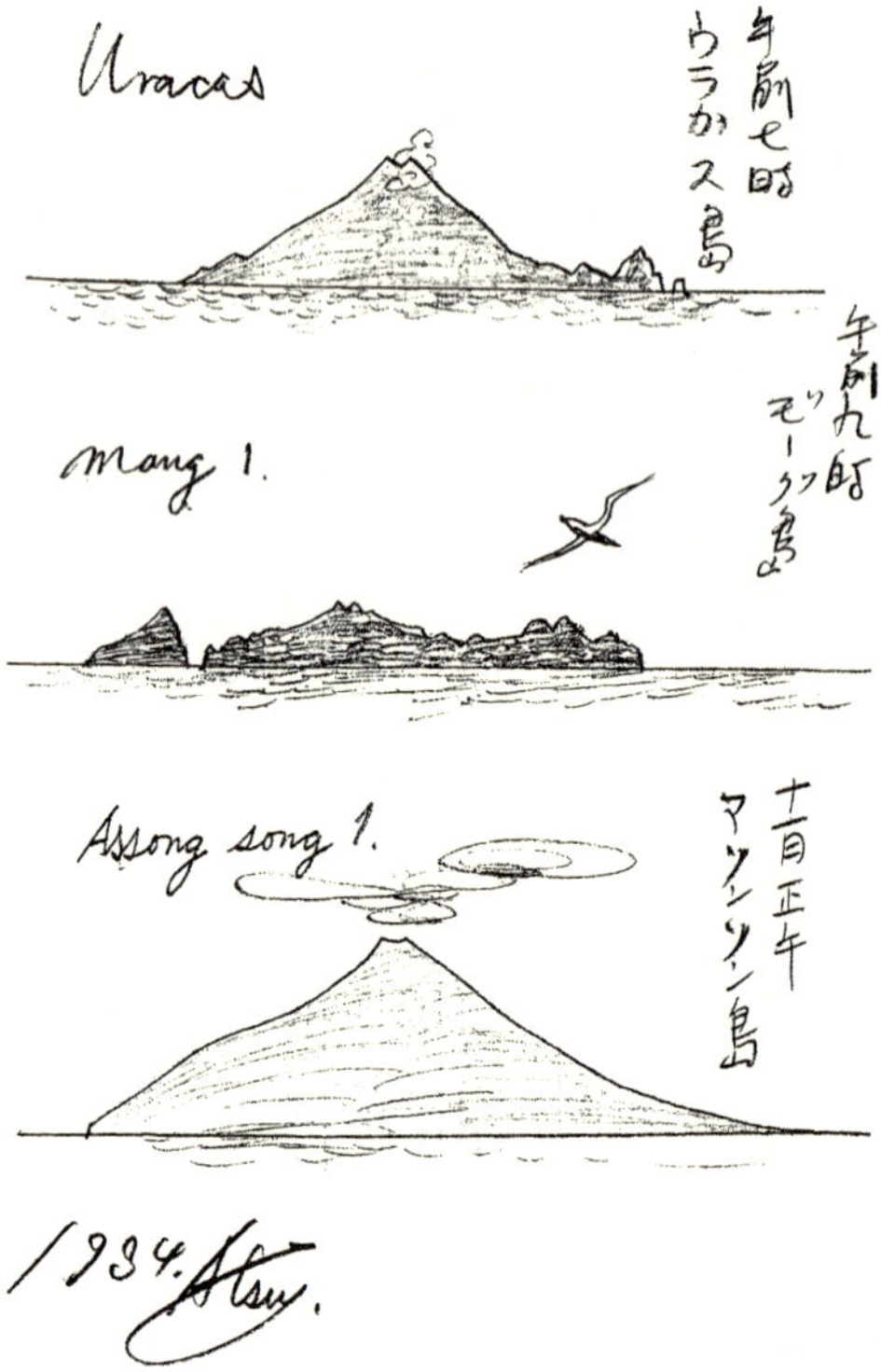


此の南に九六五米突のアグリガン島があるのですが、日没までには視界に入りませんでした。

今日午食後一等機関士が案内して呉れて船の機関部を見ました。

正午の発表左の通り。

北緯　一九度三九分
東経　一四五度一〇分
航走浬程
昨日正午ヨリ二五九浬

自　二見　四七九浬　至　サイパン　二七〇浬

天候　曇　風　北東　四　気圧　七六二ミリ　気温　大気二三度　海水二五度

三月一二日

昨夜はよく眠りました。眠ってゐる間に船はパガン、アラマガン、グウガン、サリガンの沖を過ぎ、起きた時分にはアナタハン島の高い山(七八六米突)を雲の間に認め、八時其の沖を過ぎましたが、雲が深く長く引いた山の裾ばかりが見へました。

今朝四時頃船に飛魚が躍び込んだのを船長が拾って、司厨長が持って来て見せて呉れましたので、それを描きました。

一一時三〇分サイパン島を雲煙遙に認め、船は入港準備に忙殺されてゐます。今日はもう非常な暑さです。

正午の発表左の通り。

北緯　一五度二三分　東経　一四五度三〇分

航走浬程　昨日正午ヨリ二四五浬

自　二見　七二五浬　至　サイパン　二四浬

天気　晴　風　北東北　五　気圧　七六〇ミリ　気温　大気二七度　海水二八度

一時半サイパン島がだん〲濃く見へて来ました。船からの通信は是で終ひです。

後はサイパンから成るべく沢山通信しますが、船便が度々ありませんから数通の手紙が一度に東京に着くでせう。裏の日付をよく見て順よく御批読の上綴ぢ込んで下さい。此れ等の通信は皆日々の体験から生まれ、其の印象が薄まらない内に書いた物ですから、後日帰京後は最早こう生々しい土産話をすることは出来ません。大切に保存して下さい。

## 第三便　サイパン島の風物

三月一二日

午後三時サイパン島ガラパン港に沖がかり、支庁、地方法院、産業試験場の方々が出迎へて下され、直ちに上陸、伏田支庁長に挨拶を述べ、南洋興発ガラパンクラブの日本間に旅装を解きました。

まだ明るいので山本庶務係長が案内して下され、市中の絵葉書店を見たり、ガラパン郊外を少し見物したりしました。

土壁造りのチャモロ人の家、木造で床の高いカナカ土人の家、板囲ひ、トタン張り、一番貧弱なのが日本人移民の家です。

街の生垣にはカマチリ（和名きんきじゅ。元来メキシコの原産であるが今は南洋群島到る所にあり、殊にサイパンに多い。相当の大木になり刺があり葉は細い。一見サイカチに似る）と云ふ葉の細い木、カップトリーと云って葉が壺の様になった木、クロトンと云ふ黄赤色の美しい葉の熱帯植物があり、家々の軒にはエダカツラと云って新芽が紫色に出る実の美しい木、ハナブドウと云って花の咲く葡萄によく似た木等が茂り、其の中庭にはメイフラワー（東カロリン語でセイルと云ふ固有の植物で、白い花が咲き香が高い）と云って石楠花に似て香の高い白い花の咲く木が香り、ハゴロモナンテン、夜光木、鳳凰木（原産はマダガスカルであるが今は南洋群島到る所の観賞植物として栽培されてゐる。生長迅く喬木となり、美しい花が咲いて大きな豆の莢の様な実が成る)、猩々木、仏桑花(人家の生垣に多く栽培され、葵に似た美しい花を開く)等が茂り、其の後庭にはパ、イヤ、マンゴー(原産は大陸であるが今は群島到る所に栽培されてゐる)が実ってゐます。

下草には葉の美しい種々の蘭科の植物が生へ、更に一歩郊外に出て見ると繁り過ぎて中が暗い様な椰子林(椰子は甚種類が多いが以下只椰子と云ふ時は、古、椰子を指す。最も島民の生活に必要な物で、其の実の若い時は切って中の汁を飲み、熟しては其の胚仁(コプラ)を食用とする。其の硬い殻は水筒其の他の器物となり、其の外皮の繊維からは縄を作り、其の樹幹は建築材となる)があり、蛸の木(樹幹の中途から無数の気根を生じた有様が蛸の様であるところから此の名を生じた。葉は叢生して長く、敷物の材料となる。実も又食用となる)が繁り、パンの大木(南太平洋原産の有名なる果樹。喬木となり、五月より一〇月に亘って小児頭大の実をつけ、島民の重要なる食料となる)が累々と実をつけてゐます。小笠原でヒョロ〳〵の椰子や蛸の木に感激したのが可笑しい様です。

二種類の島民がゐます。色の黒い所謂カナカ土人は殆ど素裸で、女も男も腰のまわりに僅かの布をつけてゐるばかりですが、眼の青い欧羅巴人の血の混ったチャモロ人は簡単ながら洋服を着てゐます。極く小さな牛がカレータと云ふ軽い荷車の様な物を引き、荷物も人もこれに乗せて街路を歩いてゐます。

南洋興発クラブの庭は色々の熱帯植物を植へ珊瑚礁で庭石を造り、中々苦心してよく造ってありますが、中に三個程我国の「つくばひ」の様な物がありました。此れは往昔のマリアナ土人の穀類を粉末にし

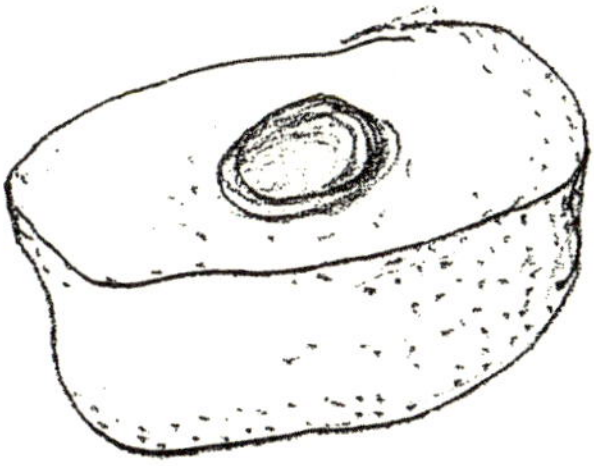

石臼

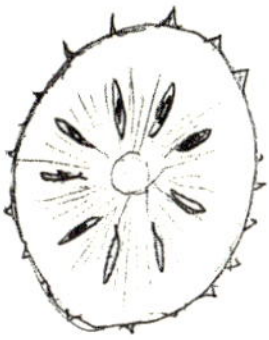

ソウシャップ

た石臼(図)で、ルフンと云ひ珍稀な土俗品です。帰る頃までには手頃の物を見つけ持ち帰りたいものです。

色々の果物を食べました。バナゝは小笠原で乾からびたのを少し食べましたが、此処のは実に水々しく、内地で食べる台湾バナゝと異なり、形が短く、皮が非常に薄く、何とも云はれぬ芳香があります。

パゝイヤも結構です。パイナップルは形は小さいが味は中々佳く、又生まれて初めてソウシャップ(図、和名とげばんれいし。熱帯アメリカの原産)と云ふ果物を食べました。パイナップルに多少似てゐますが、硬い外皮がなく、全体が濃緑で刺が密生してゐます。果肉は白色、繊維質、種は黒く、味は酸味多く、夏蜜柑の様なところがありますが、舌ざわりが綿を噛む様です。あまり美味の物ではありません。

夕食前風呂に入りましたが、井戸の水も又塩味を帯び、淡水は天水を使用するより他に法なく、此の地に在っては淡水は正に一滴千金です。淡水はトタン屋根に受け樋によってタンクに貯へますが、一日に一回或は数回のスコールがやって来ますから天水の欠乏することは滅多にありません。

着いた日も昼間は非常に暑かったが、日晩れと倶に二、三分のスコールが草木を濡らし、窓の外に虫が鳴いていくらか涼しくなりました。電燈に沢山のヤモリがたかって虫を喰べてゐます。

**三月一三日**

久しぶりに陸上で寝たので非常によく眠りました。朝は夜明け早く、四時頃には近処の鶏や豚が一斉に鳴き出します。鶏や豚は非常に多く、其の賑やかなことは大変な物です。

朝の内色々の珍しい植物のスケッチをし、九時頃支庁の八木さんと云ふ方が車を持って迎へに来て呉れましたので、ガラパン小学校、産業試験場、サイパン神社と巡って、公学校を参観しました。公学校と云ふのは島民の子弟を教育してゐる所で、来る一八日に生徒の作品展覧会があると云って、生徒が忙しく色々の物を細工してゐました。教育は手工と図画を主にやるのですが、土人の子どもの上手なのに驚きました。軟い木の新芽をつかって人形やカヌーを作り、椰子の殻で日本人が教へたらしい変な細工物を作ってゐました。土人の子どもが自分で考へて作った人形やカヌーは無邪気で愉快ですが、椰子殻で作ったグロテスクなお面は感心出来ません。日本人が作ったお手本と云ふのを見ると益々感心出来ません。いづれ下等な土産屋か何かが作って見せたのでせうが、どうして島民の本当の才能を生かす様に教育出来ないのでせうか。先生は数人ゐますが沖縄弁或は其の他の方言訛りの酷い人ばかりで、国定の教科書を標準音で発音する先生は一人もおりません。土人の子弟はチャモロもカナカも皆温しく且相当の智力がありそうですが、これで完全な日本語教育が出来たと思へば間違ひです。彼等は標準語で話しかけられると答をしません。聴き取ることが出来ないのです。

彼等の手工は各手に勝手な刃物を用ひ、大きな肉切包刀で人形を作ってゐる子どもを見ました。若し完全に彼等の才能を助長させる様な先生を連れて来て、よい道具を与へたなら立派な土俗的風趣の高い手工芸品を作らせる事が出来ると思ひます。子弟の教育は難中の難事であるが、かゝる特殊の地域に於ては尚々深く注意を払ふことが肝要です。

公学校を辞し、ガラパンの北方一里ばかりのタナバグと云ふ所へ行きました。一〇軒位のカナカ土人部落があります。此処で相思樹と云って葉は細く、黄色い花の樹を見ました。此の樹は火事に遭ふと水を吹くので防火樹として有効だと云ひます。

又カポックを見ました。これは非常な巨木となり、其の幹が青桐の様に緑で綺麗で、沢山の実がなります。この実から綿が採れます。即ちカポックは枕、蒲団として上等であり、救命用のライフジャケット、或は電気の絶縁体として実際的な有要品となります。

草綿もあります。土人はこれをカパス（次頁の図）と云ひ、実際これから綿を採ってゐますが、我国の綿と同じであるかどうかよく判りません。

カパス

此処でサイパン特有の珍しい犬を見ました。元来は西洋種のライピングセールと云ふ物の子孫だそうですが、形小さく日本の柴犬の様で耳が立ってゐます。弱さうですがこれで鹿や山豚を狩するのだそうです。

チャモロ人が洗濯をしてゐるのを見ましたが、バテーアと呼ぶ羽子板の大きな物の様な木製盤に少しばかりの水を入れゴシ〳〵洗ひます。或は草原に洗濯物を拡げ石鹸をぬって水をふりかけ日に晒し、生乾になると又水をふりかけ、日光で石鹸水が熱くなる様にし、最後に少量の水で洗ひ去り、決して我国の様に豊富な水でザブ〳〵と濯ぐことはありません。これ偏に水の貴重な所に原因するのですが、洗ひ上った衣物は石鹸と倶に一種の香が移りますが土人は平気です。

井戸は無いことはなく、此の村でも珊瑚礁の破片で囲んだ物を見ましたが、水は決して良質ではありません。

此の村には又沢山の豚と鶏と家鴨がゐましたが、家鴨は日本の物とは甚しく異なり、一見七面鳥の雌の様で小さいトサカがあり、足に水掻きと鋭い蹴爪を持ってゐます。土語でバリケン（次頁の図）と云ひ、

バリケン

鶏より大きく価も又高価です。一度此の肉を喰って見たいと思ひます。

午后は南洋興発の方がわざ〱車を持って迎へに見へたので、ガラパンの南一里程のチャランカノアの南洋興発砂糖農工業へ行き、会社の方々に会ひ、青木さんと云ふ方に案内されて砂糖黍の農場及附近の色々な所を見物しました。此のあたりの地質は珊瑚礁の石灰質と火山灰の混じって硬まった茶褐と、白の斑文が現はれた非常に硬質の岩石が多く、これをトラバチンと呼び、研磨すれば美しい建築材となりそうですが、其の様な巨材が得られるかどうかは疑問です。土質もすべて石灰と火山灰の混交で、これが砂糖黍の生育に非常に好適であると説明されました。

オビージャンと云ふ所の海岸で洞窟等をも見、名も判らぬ灌木等を少し採集しました。

**三月一四日**

朝の内スケッチに従事しましたが、日光が強く暑いので中々骨を折りました。夕方興発の松江社長がテニアン島から来られ、南洋へ来てからは今日初めて会見しました。氏は少し健康を損じて居られるのだそうです。

**三月一五日**

朝の内はスケッチに町の靴屋へ行きゲートルを製ってもらふ事にしました。山地を旅行するのに短靴では不便だし、編上靴は非常に暑いので、短靴にゲートルを時によって着脱する方法を考案しました。これは大変便利だと思ひます。

ネーリ

今日一日はスコールが無く非常な暑さです。午后松尾氏（東京美術学校西洋画科卒業生。当時サイパンの小学校に教鞭を執り、後物故さる）が知り合ひのルフィナ・ムニヤと云ふチャモロの娘の所へ案内して呉れ、明日からモデルになってもらふ様約束しました。夕方二人で写生道具を持ってカナカ人の部落へ行き、手許が見へなくなるまでスケッチをし、又木綿カポックとネーリ（図、和名やへやまあをき。東カロリン語でウィプリと云ふ。南洋群島到る所に野生する樹で、稀らしくはないが、あばた顔の様な、月の表面の様な、奇妙な実がなる。トラックの人はこれを食用とするが他処では喰はない）と云ふ不思議な実を採集しました。

ネーリの実は食用にはならないそうです。

夜松尾氏とチャモロ人ワンブランコを訪ね土俗の聞き取りをしました。彼氏は五十がらみの巨漢で農場を沢山持ってゐます。チャモロは島民ではあるが其の生活程度は高く、彼氏の様な資産家になると石造漆喰塗り（珊瑚礁の石を積み上げ、山からカスカオと称される珊瑚礁の風化した粉末を採って来てセメントの様に塗りかためる）の堂々たる二階屋に住み、室内は額や、聖像や、美しい貝等で飾り、大抵ピヤノの一台位を備へてゐます。ワンブランコのお女房さんがスペイン風の面白い着物を着てゐたので描きたいと思ひました。

**三月一六日**

朝からカナカ部族へ行ってスケッチに従事中、興発の人が探しに来て松江社長がすぐ来て呉れと云ってゐると云ふので自動車でチャランカノアに行き、社長は一九日の筑後丸で帰るが、あとのことは社の者によく話してあるから何時まで泊ってゐてもよい、と云はれ、農場の絵を描く約束をしました。

小生は二〇日出帆の長明丸でロタ島に向ひ、再び当地に帰へって更にトラックに向ふのは四月の末になるでせう。此の一八日に近江丸が東へ向ひますが、それに乗って了ったのではこちらの仕事が片付かず、それに乗らなければもう四月の末まで東航の船は無いのです。此の手紙は筑後丸に託しませう。

# 第四便　サイパン島の生活

今日（三月二〇日）築後丸が内地に帰ります。此の船を逃すと又何時船があるか判らないから手紙をもう一つ書きませう。

三月一六日、社長に会ってガラパンに帰り、午后少し涼しくなってから、約束してあったチャモロ人ルフィナ・ムニヤを描きに行きました。ルフィナ・ムニヤはまだ独身ですが、歳は既に盛りを過ぎ無口で少し憂鬱で色の浅黒い、背の高い、島民としては体格の良い方です。我々の為めに、古いスペイン風の正装を着け、チニーナと云ふ肩の恐ろしく上がった薄物の袖をつけ、カミソーラと云ふ古風な袴を穿きました。彼等は何時もは家の外も内も裸足で歩きますが、今日はガム島にゐる彼女の親類が作って呉れたサパティーチャと云ふ踵の高い、美しいスリッパを穿きました。其のスリッパは実に美しく、私が記念にそれを譲って呉れと云っても、これと全く同じ物を作って上げるから此の靴を望むことは止して呉れと、どうしても納得しませんでした。

彼女の妹のチョンは未だ非常に若く、色が白く、眼が大きく、美しく、姉と正反対に大変な元気者で一人で喋ってゐますが、モデルに立つことだけはどうしても承諾しません。二人とも、日本語は上手です。

## 三月一七日

朝、カナカ部落へスケッチに行くと部落中の男女が綺麗な着物——と云っても極く簡単なものですが——を着、頭に花を飾ったりして粧し込んでゐます。聞くと今日は部落に結婚式があるのだそうです。部落中の人々は芋や、パン果や、魚等をどんどん焼いて御馳走を作ってゐました。一軒の小屋で腰巻一つの若い女がパルポと云ふ石の杵でタロ芋（南洋土人の主要な食料品。種類非常に多く、陸上に作る我里芋に似た小タロ芋と、水田に作る巨大な大タロ芋とある。葉は我国の里芋に似てはるかに大きく、芋の味も里芋より大味である）の団子を搗いてゐるのを見ましたが（図）、これが今日結婚する娘でした。

パルポでタロ芋の団子を搗く娘

宿に帰って見ると、昨日の夕方小学校の子どもがカマチリの枝についた何だか判らない蛹を沢山採って来て呉れたのが、皆蝶になって室中に這ひ出し大騒ぎしました。然しおかげでスヂクロカバマダラの完全な標本を沢山手に入れました。

午后ルフィナの家で昨日のスケッチを続けました。彼女がポートと云ふ菓子を作って呉れました。これは南京米をミターテイと云ふ石製の台の上に載せ、ヌヌと云ふ同じく石製の麺棒の様な物で磨り潰し、砂糖と椰子酒（椰子の花梗を切って滴る汁を取る。これは非常に甘く且栄養価があるが、夏にそれを一晩放置して置くと醗酵して酒の様になる。然し酒精分は殆ど無い）を混ぜて一晩醗酵させ、それをブリキの型に入れて蒸した物で、我国の「そばてら」に似てゐますが大して美味ではありません。

今日は色々の土俗品を見せてもらひ、一つ一つスケッチをしました。

**三月一八日**

今日は日曜で、公学校で土人児童の作品展覧会を見に行きました。人形を買ふつもりでしたが、早い人がゐて優秀品は皆売約されてゐたのには驚きました。連日の疲れか身体の調子が思はしくないので、一日仕事を休みました。

夕方涼しくなってから海岸へ出て土人の丸木舟や舟小屋、牛車等をスケッチし、土人から色々説明を聞きました。丸木舟はチャモロ人のとカナカ人のと形が異なり、色々ありますが何れも非常に細長く、横に覆らないために腕木を出して別な小さい舟形の添木をつけます。

此の手紙は筑後丸へ載る筈ですから他の手紙と一緒に着くのでせう。

## 第五便――略

## 第六便　サイパン島の生活　二

此の前筑後丸に託した最後の手紙（第五便を意味する）では色々心配したこと、思ひます。一九日に手紙と、写真機とカルトンを持って最初に南貿の店で買物をし、郵便局へ行って手紙を出し、それから又ルフィナ・ムニヤの所へ行ってスケッチを描いて夕方此の島の教会に行列があると聞いたので見物に行き、途中で写真機がないのに気付き、ルフィナの家に帰って見たがありません。郵便局、南貿と今日立寄った所を逆に全部尋ねて歩いたがありません。とう〳〵警務課へと行きましたが、警務課でも希望はもてなさうな返事です。此の島では写真機を新らしく入手することは全然出来ず、まだ筑後丸への郵便が間に合ふので前便を慌はて丶出したわけでした。

其の日はとう〳〵非常に不愉快で終りました。

**三月二〇日**

今朝九時、筑後丸が内地へ帰りました。松江社長も此の船で内地へ帰られました。

船から帰ると、小学校の生徒が鳳凰木の大きな実と、石弾二個、小鳥一羽を持って来て呉れました。

尚子どもにもっと沢山の蝶を採って来る様に頼みました。

石弾は往古のマリアナ土人が投石帯で飛せて闘争に使用した物で、マリアナ諸島到る所の原野に発見され、マリアナの石弾は只の石塊でなく紡錘形に立派に加工されてゐるのが大特徴です。相当の力のあった物らしく、カラベーラ（土語で骸骨の意—沢山の骸骨が発掘される）と云ふ村の土中からは此の石弾が眼窩に入ったまゝ死んでゐる骸骨が発掘されたこともあるそうです。

小鳥は黄色く、土人はこれをカナーリュと云ってゐますが本当のカナリヤではありません。籠に入れてパヽイヤの実を喰べさしましたが思った程あばれもせずパヽイヤを喰べました。

午后ルフィナの家へ行ってスケッチをしてゐると、沖縄人の魚屋が珍妙な魚を沢山売りに来、チャモ

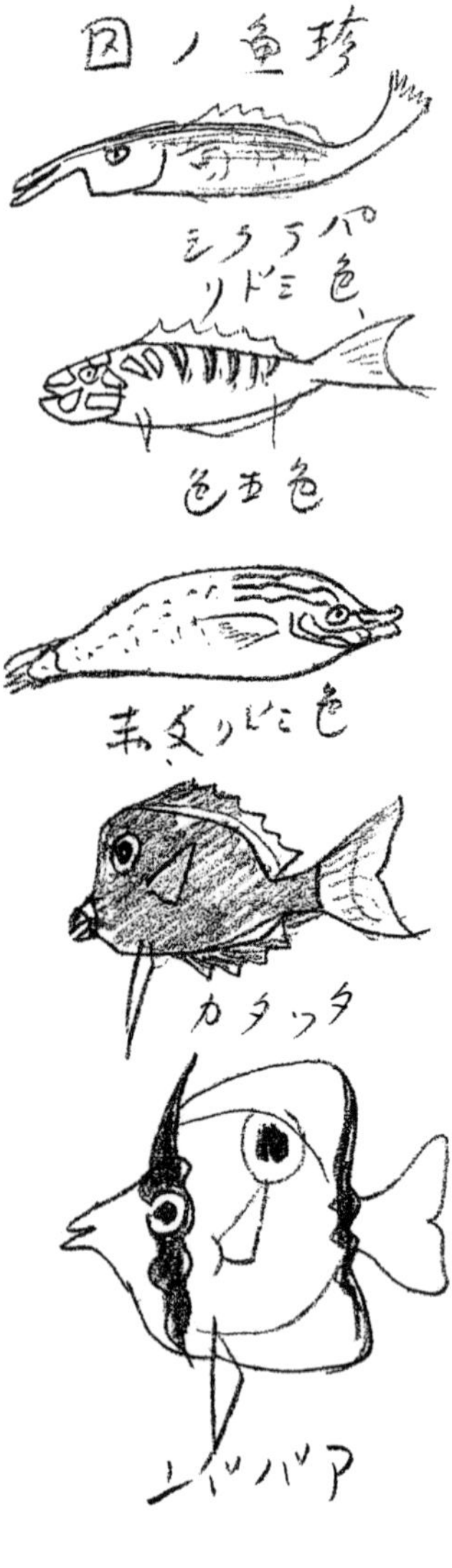

ロのお女房さん達がそれを買ってゐますが、よくも思ひ切って食べると思ふ位毒々しい色をした物ばかりです。皆で七種の珍魚を僅かに二銭で買ひ、これをアルコールに漬けようと思って南貿の店へ行ったところが、店員が写真機は店の隅に置き忘れられてあったと云って持って来て呉れました。喜び勇んで宿に帰ると又小学校の子どもが沢山の蝶を採って来て呉れ、中に非常に立派なのがあったのでスッカリ愉快になり、其の晩はおそくまでかゝって魚のスケッチをし、叮嚀に水絵の具で色をつけました。

**三月二一日**

午前中非常に風が吹きましたが、カナカ部落へ行ってスケッチをし、土俗の採集をし、民具の類を少し蒐集しました。然し此の島にゐるカナカ人は大部ずるくて高い価を吹っかけます。

彼女等が低い簡単な道具で、芭蕉繊維を用ゐて島布を織ってゐる所をしばらく見、その道具をスケッチしました。

午后は又ルフィナの所へスケッチに行き、描きながら妹のチョンから伝説や怪談を聞きました。チョンは怪談が好きと見へ、其の晩もわざ〳〵私の宿処を訪ねて来て晩くまで怪談を話して呉れました。

チャモロ人の間には昔から山の中にタウト・ハルムターノ(山の人の意)と云ふ異人種が居ると信じられてゐます。誰も其の姿を見た者は無いが、夜其の笛を吹く音を聞く者はまゝあり、これをパンシと呼べり。ルフィナ、チョン姉妹の父ニコラス・ムニヤの若い頃此の笛の音を聞いたことがあり、又山人は夜椰子の葉鞘を燈して海に漁りに出るが、其の燈を見たこともある。村の人は漁りに出てもタウト・ハルムターノの火を見れば漁りを止めて帰る。勿論怖くもあるし、又タウト・ハルムターノが漁りをした夜は魚を皆捕ってしまふから漁をしても何にもならないと信じられてゐる。

ニコラス・ムニヤの若い頃、テニアンの山小屋に泊ってゐると毎晩タウト・ハルムターノの女が来て戸を叩く。開けたら何をされるか判らないから戸をさへて慄へてゐたが、こんな怖はかったことはないと。

彼女等の兄ヴァキン・ムニヤも又よく妖怪を見る人であった。彼が二〇歳位の時タッポーチョ山（サイパン島の旧火山）の奥へ仕事に行って、山の中で野宿してゐると夜中に腹の辺を擽る者があった。よく見ると非常に小さい真黒の小坊主が三、四人でヴァキンの身体を弄りまわしてゐる。怒って打たうとするといち早く逃げて了ひ、寝たふりをして近づけ捕へようと思ってもどうしても近づいて来ない。其の内昼のつかれでウト〳〵しかけると忽ちやって来て砂をかけたり、打ったりする。終夜眠られず、腹も立ったし、恐ろしくもあったと云ふ。これは山に住むと伝へられるロヘンリンと云ふ小人であらうと云ふ。

年取った人の話によると、大分前此のガラパンの村に毎夜、時刻を定め、場所を定めて山から降りて海岸の方へ行くパランタースマと呼ばれる妖精がゐた。非常に背が高く、身体は真白で殆ど骨ばかり、只頭の毛は長くて顔は見へない。地上を歩かずに風の様に通り過ぎるが、骨が打つかり合ふ音がガタくする。チャモロ人の中に見た者が数人ゐるが皆恐ろしさの余り病気になった。

（後は略す）

**三月二二日**

一昨日子どもが持って来た小鳥は今朝死にました。

今日はロタへ出発する予定だった所、四月五日に東航の船が来ると云ふことが判ったのでロタ行きを中止し、チャランカノアに移りました。此処は興発の工場や畑の多くある所で、ガラパンに比して地味肥沃、且大変涼しい様です。此処にも興発の倶楽部がありそこへ泊りました。

**三月二三日**

久しぶりに涼しいので大変心持よく眠りました。素晴らしく元気となり、此処の埠頭の大画を描く準備として一枚のスケッチを描きました。此処の浜はガラパンと異ひ人が誰も居らず、只青々とした植物と真白い砂浜に極く穏やかな波が寄せ、向ふにテニアン島が見へ、海には水牛が涼しそうに浸ってゐます。実に静かな浜です。岸には椰子、パン樹、其の他今まであまり見かけなかった俗にキリの木と云ってゐる赤いトマトの様な実の成る喬木があります。又榕樹の非常に大きな物があります。

午后は身仕度を整へて、此処の東に小高く聳へてゐるヒナシス山と云ふ山へ登りました。途中は皆砂糖黍の畑です。此の山は非常に美しい山で、海上から見ると、タッポーチョ旧火山の右の裾の丘陵の上にチョコンと立ってゐる状が乳首の様で、ヒナシスとは島語で乳のことです。全山珊瑚礁より成り、蛸の木が生ひ繁ってゐます。西の方を見るとチャランカノア沼が湛へ、此の辺の景色の美しさは到底話をすることは出来ません。山を下って池の畔に出、其処に小屋を持ってゐる沖縄県人の家に入って休みましたら椰子の実を切って呉れました。外皮を鉈で斜に切り、穴から汁を飲むのですが、非常に大きな椰子で一人で一顆を飲み乾すのは中々骨でした。汁は大変甘く、少し酸味あり、中々美味ですが少し青臭いところがあります。飲み終ったのは割って、殻の内側についた白肉を外皮を削いだ篦でクルリと取って食べますが、油が強く、甘くて美味です。

其処からチャランケジャと云ふ所の街道へ出ましたが、道傍に水沼が多く、タロ芋の田をへだて、芭蕉や椰子が生ひ繁り、青い小鳩の様な鳥等がとまってゐました。そしてそれが皆夕日に映へて照り輝ひてゐます。南洋の美しさは夢想した以上で、思はずスケッチ箱を出し夕日が落ちるまで描き続けましたが、この美しさを描くことは出来ず、不満足ながら箱を閉じて帰路につきました。

今日西航路船(サイパンよりヤップ、パラオに行くもの)、横浜丸が入港しました。

**三月二四日**

午前埠頭を製作、午后チャランカノア沼へ行きました。沼の水は少し濁ってゐますが周囲は非常に美しく、椰子の樹や外来種と思はれる松の様な樹が生へ、沼を渡る風が大変涼しい。此処でスケッチをしてゐると、身は南海にゐることを忘れて赤城へでも行ってゐる様です。

夕方倶楽部の裏の畑で貝の斧の刃を拾ひました。古代マリアナ土人の貝器で、マリアナの貝斧は硨磲貝の表の紋がよく現はれてゐるのが特徴です。

又沢山の植物標本を採集しました。

今日は季節風強く非常に涼しい。

**三月二五日**

今日は午前の製作を少し早く切り上げ、一二時少し過ぎから興発の農務課にゐる沖縄県人の仲兼嘉元《ナカカネツク》と云ふ人を案内人として、南方海岸の古代遺跡探険に出かけました。先づ自動車で海岸のカマチリ植林の中を抜け、アギーガンと云ふ所のぺーぺー牧場を見物しました。ぺーぺーと云ふのはチャモロの資産家で此辺一帯の大地主です。前は今の会社の甘蔗畑の所も此の人の所有でしたが、会社が買収して甘蔗の畑としたのだそうです。此処に此の人が独力で立てた小さなカトリックの礼拝堂があります。ぺーぺー自身は目下ガム島に移住して農業に従事してゐるそうです。

牧場には実に色々の草木が繁って、特に牛が好んで喰ふアバスと云ふ灌木が花盛りで、アテスと云ふ野生の小果物も沢山ありましたが、まだ未熟で食べられません。

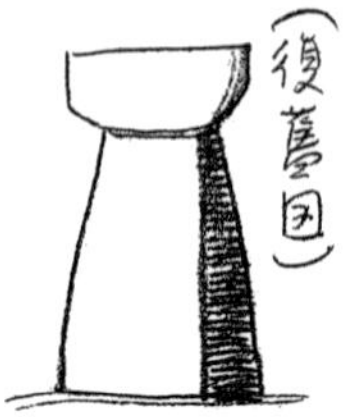

往昔のマリアナ人の住宅趾か

右手にアギーガンの岬に波の白く寄せてゐるのを見、先日見物したオビージャンの石灰洞の上を通過し、二時過ぎ目指すオビージャン道路に達しました。道路は高さ一米突乃至一米突半位の珊瑚礁の塊が並んで立ってゐるだけの物で、往昔のマリアナ人の住宅趾であるとは考へられますが、此の石柱は土台としては高きに過ぎ、柱としては太く且低く、実際にどの様な構造になってゐた物かは今に疑問なのです。これ等の石柱の上部は必ず稍平な頭石を載せたものですが、今は大低は落ちてしまってゐます(図)。

　これ等の家の構造が判らない如く、これ等の家に住んでゐた人々の事情も本当には判りません。初めてヨーロッパ人がマリアナ諸島を発見した当時は、恐らく今のチャモロ人の祖先がこれ等の家に住んでゐた物なのでせうが、初期に来航した人々は荒っぽい海員や利益のみを追ふ商人ばかりだったので、そうした民情の記録も残すことなく、その中にマリアナ人は純血を失って現今の混血チャモロ人となり、其の生活様式も変って了ったものでせう。

　此のオビージャンには、こんな遺跡が海岸に沿って二〇箇所以上も発見されますから、恐らく往昔は相当に大きな聚落があったものと思はれ、赤い土器の破片、石弾、石斧、貝斧、石棒、石臼、人骨、獣骨等が土中から無数に発掘され、私も専門的なことは判りませんが見つかっただけは蒐集しました。

其の中で最も面白く思ったのは、其処を開墾してゐる沖縄県人の伊波加那と云ふ人が此の二月に畑中から発掘したと云ふ青銅製の鍵（図）をもらったのですが、明らかに欧羅巴人の製作になる物で、此の住宅に住んだ人々が既に欧羅巴人と交渉のあったことを示す貴重な資料で、再び得んとしても得がたき珍宝です。尚伊

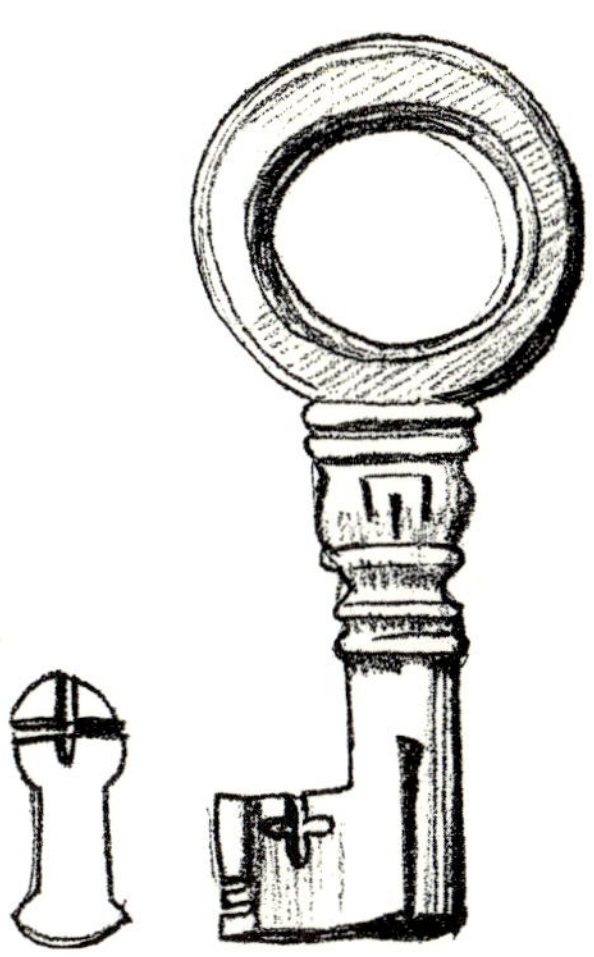

青銅製の鍵

波氏は同時に青銅製の蠟燭立てをも発掘したのだそうですが、其処等に抛って置いて今はもう失くなって了ったそうです。それは実に惜しいことをした物でした。もっと惜しいと思ったのは、粉砕された人骨が無数に散乱してゐることで、完全な人骨は沢山出るのですが、開拓者達は気味が悪いのでそれを粉砕して土と一所に耕して了ふのです。大学の人類学教室の先生方に見せたら涙をこぼして惜しがるでせう。

此の住宅跡の南方崖の途中に一個の鍾乳洞があり、其の前が海岸に面して一〇〇坪位の平地になり、其処にも同じ位の石柱が四、五個あります。仲兼氏が開墾当時初めて来た頃は鍾乳洞の上段に山豚の牙が安置してあったそうですが、今はもうありませんでした。ことによると、此処は其の頃の神殿でもあった所かも知れません。

此の住宅趾のことは長谷部博士(『過去の我南洋』岡書院、昭和七年)の著書にも載って居ります。
此処で数枚のスケッチ、見取図を描き、又写真を撮り、採集品で一杯になったリュックサックを持って、オビージャンから刈り取った甘蔗を積んでチャランカノアに向ふ汽車の積み上げた甘蔗の上に乗り、清明な夕日を浴びつゝ広い〳〵甘蔗の畑と椰子の林の中を意気揚々と引き上げました。
嗚呼、感激と興奮に満ちたオビージャン遺跡の半日よ、私は一生涯此の日を忘れないでせう。

**三月二六日**
今日は一日製作に費やし、夕方海岸で貝を拾ひました。

**三月二七日**
朝、猛烈なスコールあり。今日も一日製作に従事、大低を仕上げる。昼休み時、砂糖工場及、砂糖を取った残滓からアルコールを造る工場とを見せてもらひました。

**三月二八日**
朝から会社の人に案内されて島の南の方を見物に出かけました。
甘蔗を積みに行く空台車を牽く汽車に乗って出発。二五日に通った海岸の道を行き、各処の突込線に空車を二、三台づゝ入れては又先きへ〳〵と走ります。これ等突込線に入れられた空車は、夕方までに刈り取った甘蔗が満載され又汽車でチャランカノアに運ばれ、見る〳〵内に機械によって寸断され、昨日見た様に砂糖蜜を絞られて了ふのです。汽車とは云ふ物の極めて小型の軽便鉄道で、一輛の台車は約一万斤の甘蔗を積み、其の中から一割一分の砂糖が取れ、砂糖一斤は島内一〇銭、内地一二銭として一台の台車から約一〇〇円の製糖が取れるわけになります。目下毎日二〇〇万斤の甘蔗が刈り込まれ、且製糖されてゐるそうです。

甘蔗は一町歩の畑から約二五万斤、極く悪質の畑でも七万斤は取れ、これを椰子林に比較すると、よく実る若い椰子の樹から取れるコプラの生産高が一年に二円五〇銭、一町歩に生育する椰子樹の数は甚不同ですが、密植しても四〇〇本内外だそうですから、極く良い椰子林が約一〇万斤生産の不良甘蔗畑に匹敵することになります。して見ると此の不毛の地をこれまでに開墾し、生産を上げた興発の功績も中々偉大なものです。

汽車中で一度スコールに襲はれ、全然無蓋の貨車ですから雨をさける所なく、全身濡れ鼠となりましたが、間もなく又暑い日に頭から照されてスッカリ乾いて了ひました。

東海岸のラウラウ湾に面したトゝラムと云ふ所で下車しました。此処は行程から云ふと僅に三里位の所ですが、各処で台車の突込をやってゐたので意外の時間がかゝり、着いたのは一一時頃でした。そのかはり到る所で車上からゆっくりと見物をすることが出来ました。途中線路の南方に、しば〳〵前にオビージャンで見た様な住宅石趾のあるのを望見しました。

ラウラウ湾は深く湾入した良港ですが、海があまりに深くて船舶の碇泊に適さぬと云ふ話です。此の海岸は殆ど無人の海岸で叢林深く、見るも稀らしい植物が繁茂し、沢山の美しい蝶が飛んでゐました。

砂浜に珍しく、砂鉄が沢山波に打ち寄せられてゐるのを見ました。

此処にも古代住宅趾があり、海岸で浜紫檀と俗称される樹を見ました。太さは約二抱へもあり、曲りくねって蟠り、よく磨くと床の間の置物によいそうですが、邦人があまり乱採したので非常に少なくなり、今では禁木となったそうです。

此の海岸の東端に独領時代の牢獄の趾があり、石壁等が残り、首切台があったそうですが、今は雑木が繁り全く無人の叢林となってゐます。

此の辺から上の台地が興発の第二農場で、其処の事務所で弁当を食べましたが、其処の主任の人が面白い人で、遺跡にあった大きな古代石臼を靴脱ぎにしたり、石貝斧等を少し集めたり、浜紫檀の置物を自分で磨いたり、唐辛子の木でステッキを作ったりして喜んでゐます。サイパンでは唐辛子は灌木状となり、其の太いところを枯せて磨くと軽いステッキになります。非常に立派な石斧を二個もらひました。

三時過ぎ此処を出発し、東海岸のドンニーと云ふ所から山の方へ入りました。ドンニーは土語で唐辛子のことで、此の辺は唐辛子のよく出来る所と思はれます。

東海岸は西及び南と異なり島の中央タッポーチョ火山から落ちる沢山の谷で区画されてゐます。

其の谷の一つの上流で、川島牧場と云ふ所に島内唯一の泉があり、附近一帯の水汲場となってゐます。此の附近で非常に大きな鉄木（南洋群島中最も利用価値ある堅材。大喬木、芯材は赤紫、黒味を帯び白蟻の害を受けず、建築材、及色々の器具を造るに用ゐる）があり、叢林の中を大トカゲが歩いてゐました。此のトカゲはマリアナ及ヤップに産し、鼠の駆除動物として保護され、人間に危害を及ぼしません。此の時も叢林の日向に鱗を美しく光らせて、只ヂッとしてゐるただけですがやはりあんまり気味はよくありませんでした。此処から美しい牧場の原をぬけて叢林の中を約一里程登り、タッポーチョ山の北部の嶺上にある無線電信所に達し、此処から本社に電話をかけて自動車に来てもらひ、夕闇迫る頃チャランカノアに帰りました。

# 第七便　テニアン島

**三月二九日**

二五号は完成しました。午后荷物をまとめにガラパンに帰り、郵便物を出したり、チャモロ人の使ふマチェテと云ふ山刀を鍛冶屋に注文したりして、夜ハワイのビショップ博物館から来てゐる崎村千城と云ふ昆虫学者と一緒に夕食を食べ、夜一一時になって月明の椰子林をドライブしてチャランカノアに帰りました。

**三月三〇日**

朝九時、チャランカノアよりテニアン丸と云ふ興発の発動機船でテニアンに向ひました。海は非常に気持がよいのですが、サイパンとテニアンとの間の海峡は波意外に高く、船が小さいので木の葉の様に揺れます。チャランカノアを出るとすぐ北方遙に今日入港する天城丸が見へました。

サイパンとテニアン両島の距離は実に近いのですが、テニアンの港がサイパン側の海岸に無く西側にあるため、船はテニアン島の北を周って行くため、此の間に二時間或は二時間半を費やします。今日は追手が強く、船は発動機をかけると倶に帆を一杯に張ったので二時間で着くことが出来ました。

テニアンの港はソンソンと云ふ所にあり、ソンソンはマリアナ語で部落の意あり。昔マリアナ人タガ族の大部落のあった所で、有名な大石趾があります。此の日の夕方此処を見ましたが、今は新開の町の中になって了って幽玄な気分は失はれましたが、遺る十二基の石柱の内、現在尚直立せる二基の中一基の頂上にはタガ族最後の姫君の骨を埋めてあると云ひ、此の附近にタガの井戸と云ふ物があって、土地の口碑に風清く月暗き夕べ其の井戸の畔に姫の姿を見る者は病むと、ルフィナの父ニコラス・ムニヤの語ったのは此処のことでした。

此の石趾はアギーガン海岸で沢山見た古住宅趾の石柱と如く同じ形の物で、只素晴らしく大きいだけです。

西海岸一帯は実に美しいタマナや、「ごばんのあし」(南洋群島到る所の海岸によく発達する葉の大きな樹。碁盤の足に似た実がなる)の林で、其の曲りくねった樹幹の下、大きな闊葉は日の光りを遮り、好い涼み場所となってゐます。色取り〴〵の蝶が飛んでおり、実に沢山の蝶を採集しました。

此の島は興発会社が出来るまでは殆ど無人島でしたが、今は工場、事務所、倶楽部其の他で立派な町をなし、将来はサイパンの二倍の甘蔗収穫が出来る計画なのだそうです。

**三月三一日**

朝、猛烈なスコールがありました。今日は先づ島内を一巡することに決めました。此の島は南と北に高台あり、南の物をカロリナス高地、北をラソ高地と云ひます(次頁の図)。倶に今は南国特有の叢林に

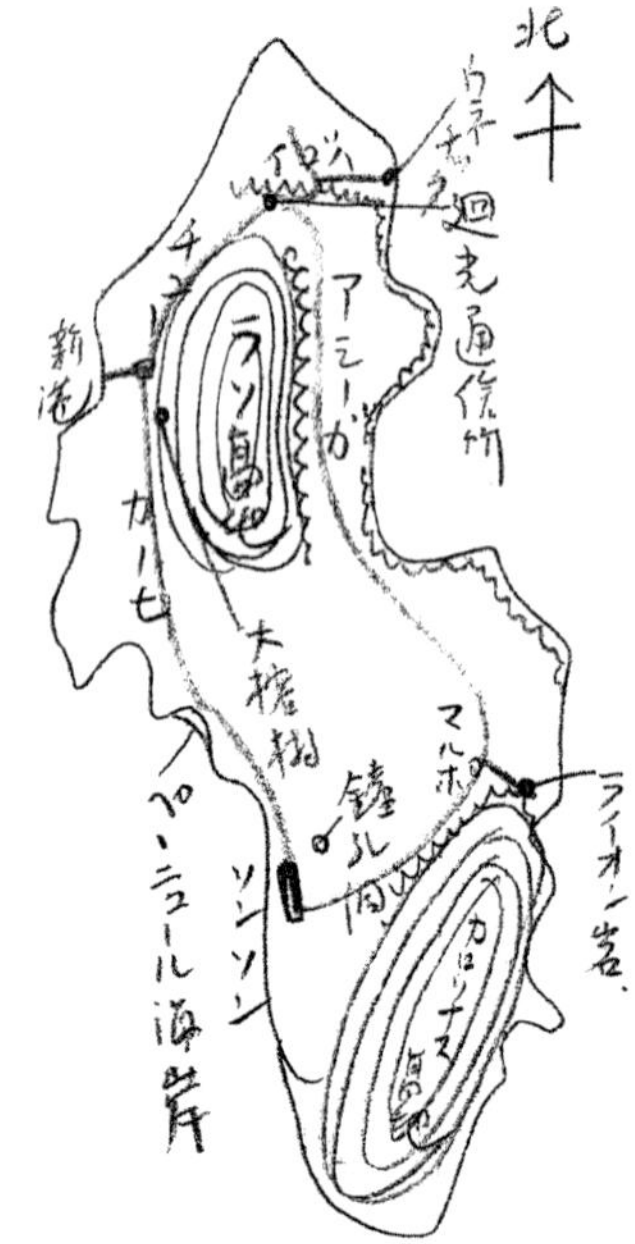


テニアン島図

蓋はれてゐますが、将来は皆甘蔗畑となるのだそうです。

先づソンソンを出て東北に向ひ、カロリナス高地の下の馬場と云ふ人のパヽイヤ農場を見ました。此の人はパヽイヤからパヽインを取ってゐるのだそうですが採算が取れないそうです。

カロリナス高地の東北の端にライオン岩と呼ばれてゐる岩があり、嘗て或時は此の辺まで海水に浸ってゐたものと思はれ、珊瑚礁質の石灰岩の下方がゑぐれて傘状をなし、其の一部がライオンの顔の様になってゐるのです。

此の岩に登る辺は全くの原生林で、幾抱へもある山椿（芯材は茶褐色で磨くと光沢があり、ステッキとして土産物屋に売ってゐる。近時乱採の結果非常に減少した）の大木が密生してゐます。ライオン岩を下り、テニアン島の東側の道路を北へ〳〵と車を走らせ、はるかに蒼い海を距てゝサイパン島の見へる景色の好い所を通って、島の北部ラソ高地の東面に当るアシーガと云ふ所へ来ました。此処は会社の第四農場のある所で最近の開墾になり、榕樹や山椿の大木が見るも無残に切り枯らされて居ります。こうした原生林を開くのは大変な労力ですが、こう云ふ新山は作物の発育に最もよく、開墾して一〇年は肥料は不要だとされてゐます。此の開墾地の農家で西瓜をもらひ、ハゴイと云ふ所の廻光通信所で昼になったので弁当を食べました。廻光通信所と云ふのは、サイパンと互に日光の反射鏡を利用して通信をし合ふ所で、あまり類の無い装置です。崖の上に小さな小屋があって、真北に海を距て丶サイパン島に対し通信事務が取れる様になってゐます。此の崖の下は一面に平らな荒野で未だ開墾されない森林と牧場で、其の中程に一つの池が美しく光ってゐます。此の池には無数の水鳥が生息するそうです。

此の台地からハゴイの平坦地に降りるには、近頃立派な自動車道路が作られ、又軽便鉄道もスヰッチバックをしながら降りて行く様に目下工事をしてゐます。

高地を降り、牧場をぬけ、草地を一直線に東に行き尽すと、白波の高く寄せてゐるウネチックの海岸に出ます。海岸一帯は高い珊瑚礁の台地で、岩礁地帯特有の乾燥に耐へる植物のみ生えた荒野に、丈余の兀岩がヒョロ〲と針の山の様に群立し、一見身の毛のよだつ様な凄惨な風景を現はしてゐます。此の岩石地に遠くうねって来た太平洋の波が打ち寄せ実に珍しい奇勝を作ってゐます。

それは波打際から数米突を距て丶、海面より可なりの高さに非常に巨大な且平坦な岩石が横たはり、其の所々に直径一尺位の孔があって、孔の内部は外海と通じてゐるらしく、外海から大波が寄せる度にこれ等の穴は潮を吹きます。其の内最も特徴ある一孔は、潮を数十尺の高さに噴き上げ、其のしぶきは崖の上の草木を濡らすまでに飛散します。

反対に波が引くと、岩石の上に噴きたまった潮は怖ろしい勢いで其の孔の中に吸ひ込まれて行きます。実に不思議な稀らしい光景で、数十分の間眺め尽しました。

此処から真西に島を横断して、西海岸の新港と云ふ所へ行きました。新港と云っても港があるわけではなく、小さな入江を囲んで直立数十丈の断崖が屹立し、降りることはおろか、覗いて見るのも恐い様な所です。其の断崖は皆鬱蒼たる叢林に蓋はれ、翅をひろげると差し渡しが一米突もある様な大蝙蝠が我が物顔に群れ飛び、入江は物凄いまでに青く、其処には数十頭の鱶が群れ泳いで時々海面から跳び上ります。

崖上は広い地域に亘ってアバス其の他名も知らぬ灌木が生ひ繁り、全く無住、無墾の海岸で白昼尚一抹の妖気がたゞよってゐる様な所です。

テニアンは全島殆ど此の様な断崖で囲まれ、さきに上陸したソンソン附近及び他の僅かの場所にのみ裾礁地帯が発達して平な浜を形成してゐます。此の様な地形を島語でウネと云ってゐます。

西海岸の道路に沿って帰途、チューロ第一自作農場の附近で非常に大きな榕樹を見ました。榕樹は開墾に当り皆切って焼いて了ふのだそうですが、此の樹ばかりはあまりに大きいので天然記念物として保存することにしたのだそうで、樹幹と気根の占めてゐる地積だけで四、五〇坪、枝葉の蓋ふ所凡そ二〇〇坪に亘り、少し距れて見ると只一樹とは見へず、一群れの森林の様です。

それからカーヒと云ふ所へ来ました。カーヒは島語で柑橘類を意味し、レモンの様な樹が野生してゐます。

ぺ、ニュールと云ふ海岸の美しい林の中でしばらく遊び、大きな蜂の巣を採集しました。此の附近にも例の古代住宅趾あり、石弾や山豚の牙を採集しました。

愈々ソンソンに帰り着かうと云ふ所で、案内の人が此の上に一つの不思議な大穴があると云ふので行って見ると、古い珊瑚礁の石灰性地盤の一部が直径一〇間深さ五、六間陥没してゐるものです。陥没地の四周はゐぐれて上部の土が傘状に蓋ひかぶさり、其処から小さな鍾乳石が無数に垂れてゐます。テニアン島には此の様な竪穴式鍾乳穴が時々あります。或は海岸の崖地の方に多くの鍾乳洞を開いてゐるのではないかと思ひます。

**四月一日**

朝、会社の自動車を借りて、昨日見たアシーガの第四農場を目ざしました。其処の開墾地の大木が立ち枯れになった有様が面白ひと思ったので、それを描くことに決めました。丁度昨日西瓜をもらった下川己太郎と云ふ人の家の所の榕樹の残木を描くことにしました。

昼に下川氏の所でお茶や西瓜を御馳走になりました。下川氏は福岡県の人で、大正六年頃より南洋開墾事業を志ざし、今年六六歳矍鑠として尚新しい畑を切り開いてゐます。此の人がチャモロの小形の石臼（図）を二個持ってゐたので、せっかく御秘蔵のものではあるが若しか譲っては戴けませんかと云ったところ、記念に自分の郷里へ持って行かうかと思ってゐたものですが御研究とあれば差し上げませうと云ふので、それでは相済まぬ、適当の価格で譲り受けたいと云ったところが、お金を下さると云ふならしまって了ひます、只清くお持ち下さいと云ふ次第で、有難く頂戴しましたが、実に昔気質の尊い気持に感激しました。下川さんの息子さんも見へられて山豚の牙を一本呉れました。

三時頃描きかけの絵を預けて帰りました。

今日天城丸がテニアンに寄港しました。

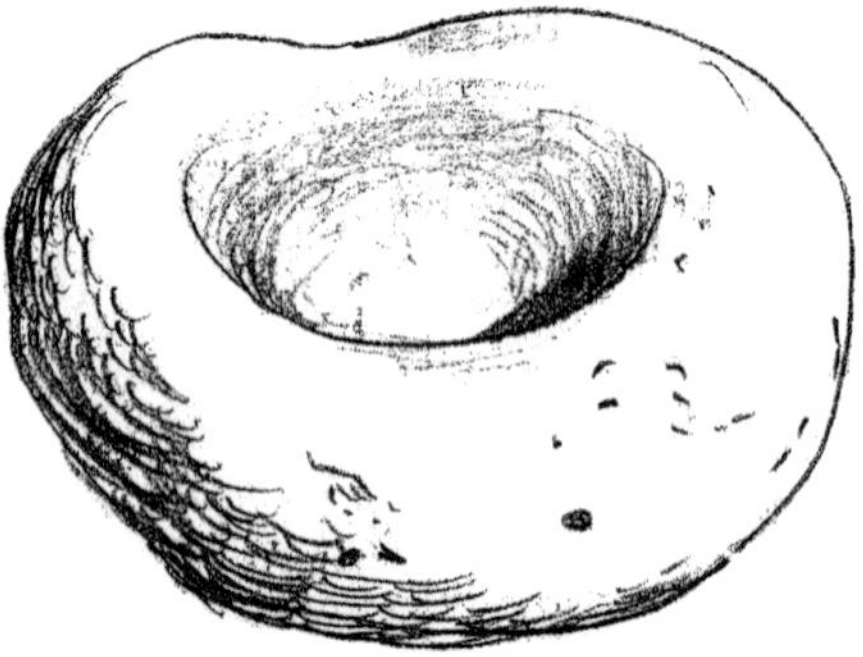

下川氏より贈られた石臼

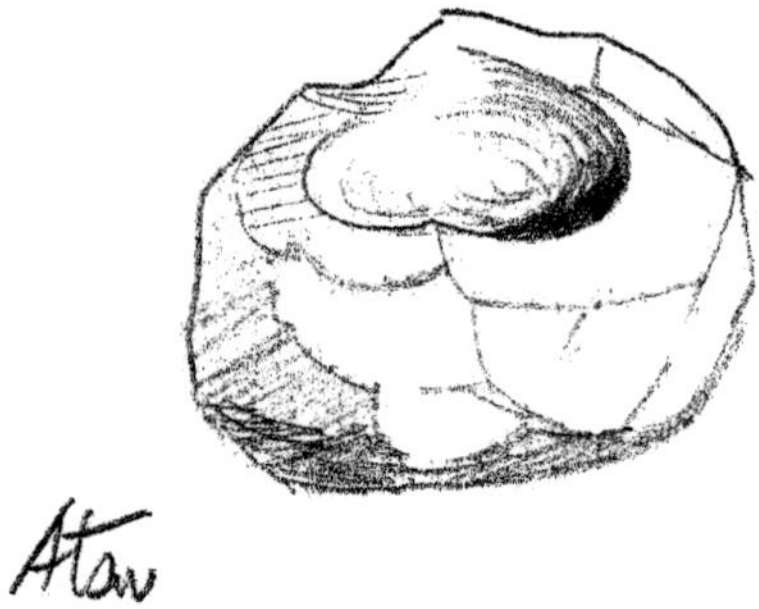

## 四月二日

今日も下川氏の農園を描きに行きました。尚少し描き足らぬところはあるが、何しろ通ふ道が遠いのであとは室内で補足することにし、元絵としてスケッチを一枚描き、下川さんから懇望されて氏の肖像を一枚描きました。農場のスケッチの方も非常に欲しいらしく、云ひ出しかねてゐる状がよく判ったのでしたが、これを上げて了ふと私の絵の元絵がなくなるので非常に気の毒な思ひをしました。昼食になり、ビール等を御馳走になって帰り、其のまゝ寝て了ひました。

今日東京の少年団の見学団が二〇名程来島し、南貿の田辺さんの肝入りで、サイパンから荷役に来てゐるカナカ土人数十名がクラブのテニスコートで踊りをやって見せましたが、場所と云ひ場合と云ひ何等私の感興を引く物はなく、感激に満ちた南海の思出のため、見ずともよい物を見たと後悔の念に耐へられませんでした。

明日帰る天城丸に此の手紙を託します。摩耶丸と云ふ船が六日にサイパンに入港、七日に東に向かうさうです。私も五日にサイパンに帰りませう。是からは手紙は段々間遠くなるでせう。

# 第八便　テニアン島　二

## 四月三日

今日は自動車を借りて新港の断崖をスケッチに行き、途中カーヒでバナヽを買ほうと思ったところ、垂れ下がってゐる大房を半分位スパッと切って呉れたのでそれを座席に載せ、道々運転手と二人でそれを食べに食べたがとう〳〵帰るまで食べ切れませんでした。

今日は蝙蝠も蟻も先日に倍して沢山ゐました。そこで私がスケッチをしてゐる間に運転手が沢山の蝶を採集して呉れました。

昼までに二枚のスケッチを描き、前に来たぺ、ニュールの海岸まで来て、もうソンソンも近いから自動車に帰ってもらひ、タマナの林の中で弁当やバナヽ等を食べ、午后絵を描かうと思ったが非常に暑く且物憂いので裸になってリーフの中を泳ぎました。水はすばらしく透明で、白、赤、黄、色とり〴〵の珊瑚が盛に生育し、中を色々の魚が泳いでゐます。岩から妖しげな蛇の様な動物が沢山首を長く出してゐたり、七、八寸もあるかと思ふ大海老がゴロ〳〵転がったりしてゐます。又非常に美しい小型の蝦等を捕りました。

少し涼しくなったので、砂浜に横たはってゐる只一本の流木をスケッチしましたが、かへって非常に面白い物が出来ました。

**四月四日**

テニアン製糖所の次長をしてゐる瀬川さんと云ふ人や、先日島内を案内して呉れた板倉さん等とカロリナス高地上にある鍾乳洞を見物に行きました。此の鍾乳洞は先日の物に比べると非常に大規模な物ですが、同じく陥波孔で、たてに深く、縄や燈火の用意が無かったので底に達しないで中止しました。帰途開拓者の家で、セレベス島から輸入して来た馬に騎って見ました。普通の馬より非常に小さく、おとなしいのですが、力が弱く、私の様な体重の軽い者でも騎せるのは大変骨が折れる様でした。

此処でウーファ(新称ながへすようのき)と云ふ樹を見ました。此の木は材が非常に硬く、飛行機のプロペラとなすに佳いと云ふので伐採することを禁止されてゐるそうです。根下に枝を立てた様な気根とも、根ともつかぬものが隆起し、実に奇妙な景観を湛へてゐます。

夜は瀬川氏等が送別の宴を開いて呉れ、沖縄の踊りを見、夜を徹して痛飲しました。

**四月五日**

昨日の痛飲が大ひに影響し、昼頃まで寝て了ひ、二時半の船でサイパンに帰りましたが、二日酔の身体を小船で揺られ大ひに苦しみました。

夜中までか丶って東航の荷造りをしました。

**四月六日**

摩耶丸は十一時に入港し、入れ出しで今日の四時には出港するそうです。サイパンから手紙を書くのもこれでお終いです。

## 第九便　サイパンよりトラックまで

### 四月六日

摩耶丸は午后二時遅れて入港。御手紙二通は摩耶丸で来着し一度サイパンの郵便局へ上がったため、私がランチで本船に乗る時、追って来た青木さんの手であやうく受け取ることが出来ました。

此の日の午前中、チャモロ人のムニヤ姉妹が私の為めに色々の土俗品を集めておいて呉れたのを持って来ました。其の中に完全な土焼壺、石臼及石杵の非常に小型な物、石弾、石斧、石製偽餌鉤の破片、貝貨等、珍稀な物が沢山ありました。

摩耶丸は三、一四〇噸の貨物船で、一等船客はスペインのカトリック僧ボンズ師、他にポナペ産業試験場長の婦人及令息、令娘、及小生だけです。

夕景七時に出帆しました。其の時サイパン及テニアンの山地開墾の山焼きの火が赤々と夕闇に輝いてゐるのを見ました。昨日来の宿酔全く去らず、早々と寝床に入りましたが、眠られず、不愉快なる一夜を過しました。

### 四月七日

船は南太平洋をトラック島に向かって走ってゐます。風も波も大したことはないのですが、胃の調子が悪いので船の揺れが身にこたへ、あまり心持がよくありません。
同室のボンズ神父はスペイン・カトリック教の監督僧で高齢既に七〇に近く、英、仏、西等の欧羅巴語は元より、南洋群島の各島語に通じ、信教の念固く、飲酒喫煙をなさず、朝は日の出と倶に離床し、夕は海鳥と倶に寝について了ひます。身体は童男の如く、気魄は壮者をしのぎ、信念の赴くところ世界を敵として戦ふの慨あり。東洋、南洋を巡錫して布教に従事すること既に数十年に及ぶそうです。
夜は南天の星煌めき渡り、波に光る夜光虫はサイパン以北より却って少なくなりました。
今日摩耶丸正午の発表左の通り。
昭和九年四月七日　正午
北緯　一三度三分　東経　一四七度二五分
航走浬程
自　サイパン　一六六浬　至　トラック　四五四浬
天気　晴　風　東　気圧　七五八・九ミリ　気温　大気二八度　海水二八度

**四月八日**

今日も晴、風涼し。海の色はあくまで青く、此の辺りも又五、〇〇〇米突以上の深海だそうです。

昨日に比べて心持は大変よくなりました。夕六時カロリン群島中の一環礁オロールの東一五浬の地点を航走しましたが、只高く積雲が赤く光ってゐたばかりで、肉眼には何も見出しませんでした。船長は望遠鏡で椰子の樹までも認め得たと云ってゐました。

正午の発表左の通り。

北緯　九度五七分　　東経　一四九度四四分

航走浬程　昨日正午ヨリ　二三一浬

自　サイパン　三九七浬　　至　トラック　二一五浬

天気　晴　　風　東北東　　気圧　七五九・九ミリ　　気温　大気二七度　海水二六度

**四月九日**

暁五時半頃島が見へると船員の云ふのを聞き、飛び起きて見ると水平線上右舷はるかに平台の如き島数個を認めました。これこそ多年憧憬の東カロリン、トラック諸島を周ぐる大堡礁の幾個かで、六時半頃には其れ等に取りかこまれたトラック本島の高い山々が見へ始め、合計二、三〇にも及ぶ群島が見へます。実にすばらしい景観です。八時頃になって、前方を今日同じくトラックに入港する東廻の帰航船近江丸が堡礁に入って行くのが見へます。此の船が今書いてゐる此の手紙を持って帰へって呉れるのです。

八時半頃船は愈々堡礁の中に入り、静な青い海の上を椰子の密生した島とスレ〱に本当に近づきます。春島、夏島等数多の島が手に取る様です。沢山の船客は皆甲板に登って嬉しそうに眺めてゐます。

もうやがて着くでせう。私も上陸の仕度をしなければなりません。

# 第一〇便　トラック島

**四月九日**

未明にトラック堡礁の外側に達した船は、東北の水道から此の堡礁の内に入りました。トラック島は非常に大きな珊瑚堡礁内にある火山島で、春島（ウエレ）、夏島（トロワシ）、秋島（フェファン）、冬島（ウマン）、日曜島（ラマロン）、月曜島（ウドット）、火曜島（ファラポゲシ）、水曜島（トル）、土曜島（オラゴエ）の大きい島々のほかに、エッテン、シヽ、ターテ、パレム等々大小無数の島による一大島群で、船が堡礁を入るや外海の波のウネリは全く無くなり、椰子やマングローブ（熱帯の海岸地帯に特有の、浅礁上に生育する叢林植物。多肉の光沢ある葉を有し、胎生の果実を結び、多くは樹幹から蛸魚の足の如き気根を出して水中に垂らしてゐる。其の材質は硬く良好なものが多いが水に浮かぬ特質を持ってゐる。其の密生する所、舟行歩行倶に不可能である）の密生した大小無数の島々の間をぬって行く有様は正に南洋瀬戸内海とも云ふべく実に美しい景色です。

本船は午前九時半頃夏島港外に着きましたが、ヤルートから帰航の途にある近江丸は本船より一時間先着してゐました。支庁其の他公設建築物は殆ど全部夏島にあり、港外から望むとトロマン山と云ふ三五〇米突程の突兀とした山が聳へ、其の山腹以下の段地、熱帯植物の繁った中に赤瓦、白亜の家が散在してゐる景色は非常にエキゾチックで美しい眺めです。海岸は全くマングローブの密叢林で蓋はれ、其の気根が繁く、長く海中に垂れてゐます。

山口支庁長等見へられ上陸、近江丸よりも上陸客あり、中に多少の相識の人あり。午前中は支庁の方々と雑談等し、午后庶務の蓮香さんと云ふ人に案内されて島内を見物しました。

此の夏島は徒歩で周廻四時間位の小島ですが、其の中に三五〇米突もあるトロマン山があり、其の他も山地ばかりで、サイパンやテニアンに見る様な平地と云ふ物は更にありません。その山は殆ど全部椰子林を以て蓋はれ、サイパンでは嘗て見なかった象牙椰子が大分見られます。其の実は鱗片状の殻を持ち、熟すれば其の胚は硬く固まり、削った面が象牙の様で美しく、印材、洋服のボタン等とすることが出来ます。樹相は古々椰子に比較して非常に状大で美麗です。パンの樹もサイパンで見たものより大きく立派で、クロトンも色美しく、すべてが色彩濃厚で南洋の情調豊なるを覚へました。

夏島は深く湾入した入江によって三部に分たれ、通称、松島、クツワ(土語)、夏島と云ってゐます。入江は迂回して行くと非常に遠まわりになりますが、埋め立てた土橋によって渡ることが出来、此の入江に沿ってマングローブの密叢林が発達し、此のマングローブの葉枝には沢山の「木登り魚」が棲息し、人が近づくとボチャン〳〵と水に跳び込みます。水中には数多の美しい魚が悠々と泳ぎ、之等の魚は人が近づいても驚いて逃げる様な事はなく、土人の女房等は大勢でエピノと称する簡単な手網を両手に持って魚を捕ります(図)。男子は多く銛を以て大型の魚を突き捕ります。

九日の午后は松島と云はれてゐる部を一周しました。土人の家は林の中に沢山ありますが、サイパンで見た物と異なり、多くは床を設けず土間に椰子の葉を敷いただけのものです。そして水辺にある大低の家では、住居の中にカヌーをも引き込んでゐます。

カヌーには色々の種類があって、一八人も乗れる長さ一二米突位のカヌーを見ましたが、これは櫂を以て競漕する物で、トラック特有の形を持ってゐます(次頁の図)。

土人はサイパン辺に比しはるかに質朴で、温順で日本人を見ると皆叮嚀に挨拶します。土人の家を訪

魚網エピノで漁する人

トラック島の舟を造る人

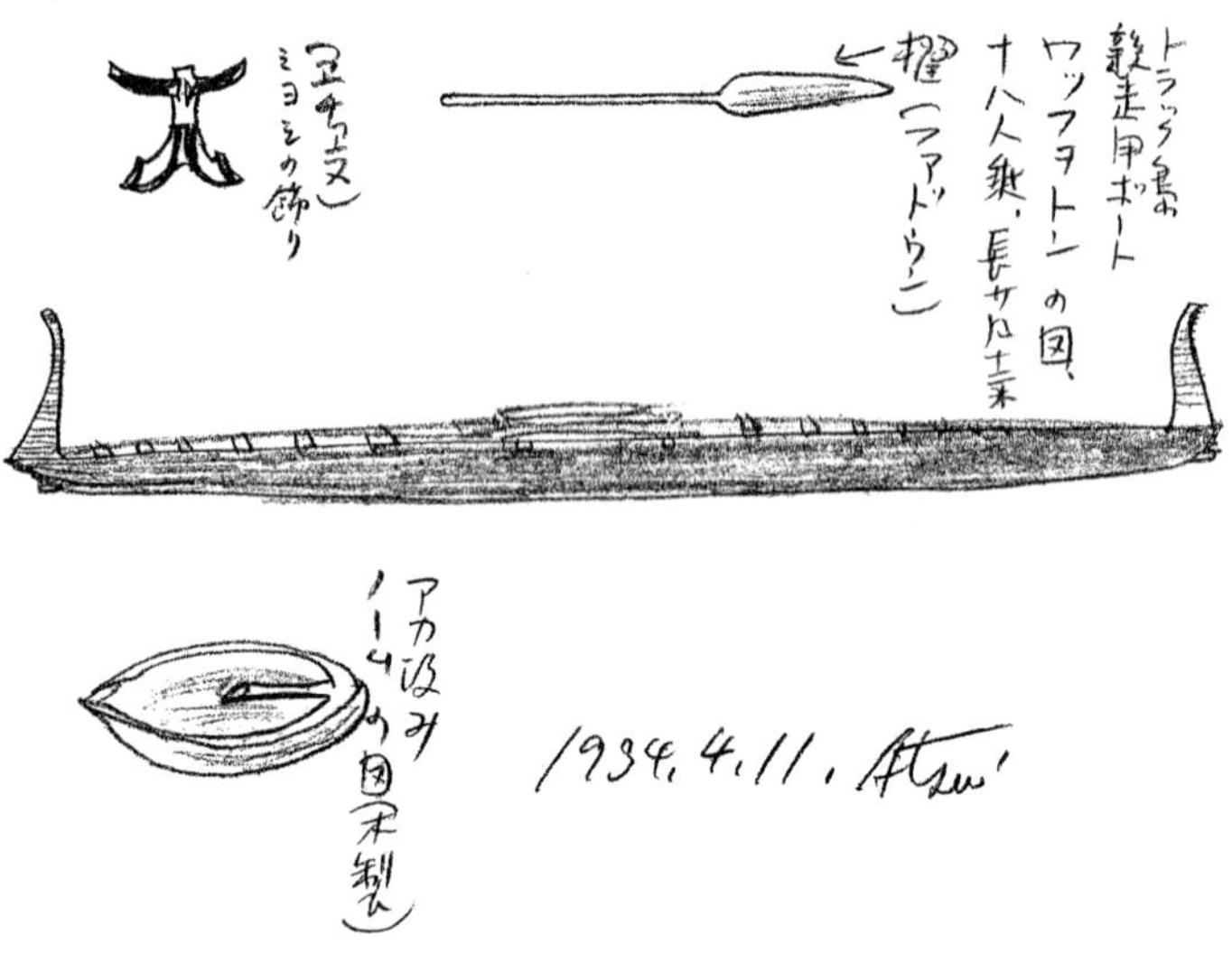


問して話をしてゐると、盛に椰子の実をもいです、めます。彼等は好んでパンの実を団子にして食べ、それは面白い形の木皿に盛ります。木皿の小さいのは一尺位、大きい木鉢になると四尺位のものもあり、テイク（ウコン。中央、西カロリン諸島に於いて好んで用ゐられ、化粧料ともなる）と云ふ土人特有の顔料で彩色を施した物もあります。或家で赤い美しい台付の木皿を一つ買ひ取りました。最初は中々売ることを承知しませんでしたが、終に納得して売りましたが中々高価でした。

又或る家では舟を造ってゐるのを見ました（前頁の図）。土人特有の鍬の小さい物の様な釿（てうな）一つで造り、木材は大抵パンの樹を用ゐ、その様な大きなパンの樹が到る所に繁ってゐます。

此の島は大体、全部で公園の様で、全く南洋とは極楽の様な所だと思ひました。サイパンで考へてゐたのよりもっと〳〵原始的で且美しかった事を知り、驚き且喜びました。

植物が美しいばかりでなく、鳥も綺麗で俗称ベニスヾメと云ふ頭と胸の真赤な鳥や、目白によく似た鳥等が群棲してゐます。

到る所で写真を撮ると、島の人々が嬉んで其の中に入りますし、人物を撮ってやると大嬉びです。此の点はサイパン辺と非常に異なり、サイパンでは支那人の様に写真を嫌って逃げる風がありました。

土人を相手に色々の風俗を見たり、憶へたばかりの片言で話等をしてゐると、時間のたつのも忘れ思はず半日を暮らして了ひました。

夕方ラーと云ふ所の島民集会所へ行き、其処で夏島総村長のナッチと云ふ男に会ひました。頭をキレイに分け、白シャツ、白ズボンを着け、腕時計をし、金の指輪等を穿めてゐます。日本語が上手で、色々の事を詳しく話して呉れました。集会所のすぐそばに白ペンキ塗のキレイなバンガローを造って住んで居り、其の家族達も皆サッパリとした洋服を着てゐます。一体に此の島の土人は、サイパンのカナカ人の様に素裸赤褌一つ等と云ふのはなく、皆サッパリした着物を着ています。

若い女は大抵真紅の布を胸高に腰に纏い、その上に薄い白い簡単衣の様な物を着てゐます。然しこうした衣物を着るのは全く近来のことで、昔は島布を以て送られた特有の数種の着があったと云ふことですが、今では全く見られません。現在の彼等は甚おしゃれで、男でも髪を綺麗に分けて油をつけてゐます。彼等が金を手に入れた時先づ第一に買ふ物はポマードで、次は魚の缶詰を買ふのだそうです。

此の日は心持よく疲れ、支庁のクラブに泊りましたが、其処にゐる支庁の人でも一〇年もトラックにゐると云ふ人から、北西のエンダービー諸島（トラック北西の諸小珊瑚礁シュク、ポロアット、ポーラップ、タマタマ等の総称）の非常に原始的な話を聞き、帰航の頃は此の方へ出る便船がある由なので是非これへ行って見たいと思ひました。

**四月一〇日**

今日はクツワと云ふ方を見物しました。長い土橋を渡って、木登り魚の沢山ゐるマングローブの林をぬけ、対岸のファルカチャウ村と云ふ所で実に代表的なトラック風民家を見つけ、写真を撮ったりスケッチをしたりしました。又其の附近の林の中の子どもの沢山ゐる土人の家で、椰子の水を呑みながら色々の話を聞き、子ども達をスケッチしましたが、皆嬉んでモデルに立って呉れました。

サポー村と云ふ所には蜜柑や椰子の美しい林があり、教会堂があります。

此の附近で東方遙の海上に竜巻の立ってゐるのを見ました。竜巻を見るのは初めてゞす。しばらくして竜巻は中途切れましたが、尚しばらくは雲が尾の様に垂れ下がってゐました。あちこちの民家へ入り込んでは子どもを描いたり土俗の研究をしたりし、メシェラン村と云ふ所の一軒の家では、土人にしては色の大変白い日本語の上手な一人の女が歓迎して呉れ、色々と面白い土俗品を見せて呉れました。

此の婦人は或は混血児ではないかと思ひます。この家で蛸の木の葉で作った固有の笠を見ました。この家を最後として引き上げましたがトラックに来て初めて土人と親しく話をし、風俗を詳しく見ることが出来、此の島の人々は私に一種云ふに云はれぬ親しみの感情を持たせて呉れました。

蓮香氏が是非と云ふので、御言葉に甘へて昼食を御馳走になりましたが、此の島は物資乏しく、野菜の主な物は豆のもやしで、他には缶詰ばかりです。従って日本人の生活は中々不経済で、楽では無いと思はれました。

午后四時半ランチで本船に帰り五時出帆、日の晩れぐ〵に堡礁の水道を出、航路を東に転じてポナペに向ひました。此の夜時計を三〇分進めます。スコールが度々本船を襲ひ始めました。

島から持って来た赤いクロトンの枝を食堂の前の鏡の前に生けました。

**四月一一日**

身体の調子が非常によくなり、元気になりました。

食堂で南洋の果物が盛に出る様になりました。朝はマンゴー、昼は椰子果、夜はパイナップル。

船は絶へずスコールに襲はれ、海上から空にかけて二筋も三筋もの虹が常にかゝり、いかにも雄大な南太平洋の気分が横溢してゐます。大部麻痺して来た神経でさへ、尚晴れた男性的興奮を感ぜずには居られません。

午后一時頃、左舷一二、三浬の水平線上に、オロルク環礁の主島セント・オーガスティン島の平台の如きを望見し、船長の望遠鏡を借りて見ましたら、椰子の木や島の根に打ち寄せる白波までも見ることが出来ました。船は此の環礁の南を航行し、三時過ぎまで浅所に白浪が立ち騒いでゐるのを望見する事が出来ました。

今日摩耶丸発表左の通り。

昭和九年四月一一日

北緯七度二七分　東経一五度五八分

航走浬程

自　トラック　一八八浬　至　ポナペ　一九九浬

天気　曇　風　東　気圧　七五八・六ミリ　気温　大気二九度　海水二九度

今夜時計を三〇分進めます。之で都合東京と時計が二時間違ふ事になります。

# 第一一便　ポナペ島

## 四月一二日

未明、ポナペ離島パキン環礁の諸島パイノプリ、オエチック、マント其の他無名の小列島を右舷に見、午前七時に其の環礁の六浬沖を通過しました。平台の様な珊瑚礁の小島です。

　ポナペ本島の山々は未明から視界に入ってゐましたが、雲が多くて全容を見る事が出来ません。午前八時頃ポナペ島に非常に近づきましたが、山々は深く雲に包まれ、常に雨が降ってゐる様で中々全容を現はす事がありません。此処は世界でも有数の多雨地で、一日に雨を見ぬと云ふ事は無く、今回も入港より出港まで一片時と雖も雲の晴れた時はありませんでした。

　近づくに従ひ島の前方に一段黒く高い島を認め、更に近づくに及んでそれは島では無く、一際突出した断崖である

事が判りました。嗚呼、これこそ長く空想の裏に描いてゐたジョカージの半島であったのです(前頁の図)。

一九〇九年九月、時の独逸政庁に抗し、島庁長以下在留独人数多を殪して此の半島に拠り、鎮圧軍に抗する事六箇月、翌年三月に至って首謀者以下皆捉へられて銃刑に処せられて初めて鎮定を見た、ジョカージ反乱(事の次第は長谷部言人博士『過去の我南洋』に詳しい)の本拠となった古戦場です。波静にマングローブの叢林をへだて、此の断崖が水に映る景色は美しく、又妖しく、凄壮な気分が漲ってゐます。

ジョカージ半島を過ぎる辺から、今まで透き通る様だった海水は俄に緑色に濁り、所々黄色の珊瑚礁や、マングローブの島が横たはってゐます。此の港内は珊瑚礁が多いので船はあまり陸岸近く寄る事が出来ず、海岸から約二、三浬も離れたランガル島と云ふ椰子の繁った小島の影に碇泊します。此の錨地とジョカージ断崖の間に、タカティックと云ふ全くマングローブばかりから出来た周廻二浬もあるかと思ふ低い島があります。

午前一〇時、支庁、興発、其の他在留の人々が見へられ船の人々と挨拶を交はし、上陸。私は摩耶丸のドクトルと一緒に、支庁の岡本高等専務が案内して下さると云ふので見物に出かけました。

ポナペ、コロニーの町は海上から見ると後に高い大きな山を背負ひ、椰子、マンゴー、パンの林の中に赤屋根、白壁の家が並び、家も外国の港を見る様でしたが、上陸して見ると、街路は全くよく大樹が繁って、殊にマンゴーの大樹の多いのに驚きました。こんなに沢山の大樹にマンゴーが熟ったなら、此の町では思ふ存分マンゴーが食べられるだらうと楽しみにしたところが、此処は雨量が多きに過ぎマンゴーの結実は頗る悪いそうです。

町の西方に中古、西領時代の城壁があり、城門もありますが、既に荒廃甚だしく、蔦かづらが纏ひ、苔生し、現在公学校の校庭となってゐる所に見張所と思しい非常に古風な六角堡がありますが、これも今は公学校の物置小屋に使用されてゐるのも哀れです。

此の東にカトリック寺院があり、椰子繁れる中に、スペイン時代建設のミッション・スクールがあります。倶に時代の色に錆びて、此の辺りまことに風雅な、南欧を思はせる様な景観です。寺院内の浮彫、絵画等は小規模な物ですが、スペイン時代の物ですから中々雅趣があります。

植物は頗る豊富で、古々椰子、象牙椰子、油椰子（アフリカ原産。ポナペ島に在るのは移植栽培せる也）、大王椰子（同じくアフリカ原産を移植した物）、扇芭蕉（マダガスカル原産を移植したる物）等の美しい樹木あり。これ等の或物は実も成らず、実用にはなりませんが、観賞植物として移植された物で、此の辺支庁に向って登って行く大道路の両側には、大王椰子の若木が街路樹として用ゐられてゐます。此の辺は独逸領時代植物園のあった所で、非常に珍奇な植物が沢山あったのだそうですが、占領当時のドサクサまぎれに切って了った物もあると云ふ話ですが、尚所々に名残りを止め、私の見た時も大道の右側にカジヤ・グランヂスと云ふ美しい豆科の大樹が今を盛りと濃桃色の花を着けてゐました。尚マンゴスチン（馬来の原産。美味なる果物として名あり。ポナペの物は植栽した物）、ランサ、ナットメイン、カラー（ポナペ原産。大喬木となり、軽軟なる建築材を供す。カラーは島名）、丁香（即ち古来貴重香料として有名な「テウジノキ」である。原産はモルッカで非常に古くから知られ、今はアフリカ東海岸に移し植へられた。ポナペにある物は勿論移植された物である）等の植物を植へた所もあるそうです。

正午に一度町に下り、昼食、此処には絵葉書が無いので写真屋へ行き、有り合せの風景、風俗写真数十枚の焼付を依頼しました。

午后は産業試験場へ行き、星野分場長より親しく色々の標本を見せて戴き、パイナップル、キング椰子の実等を御馳走になり、屋上に登って四周の山々について説明を聴きました。此処の山はサイパンやトラックと異なり、島が大きく、降雨量が多いから、山々はよく植物が繁り、標高は八〇〇米突に及ぶ物あり、谷も又深く、其の間には渓流が流れ、屋上から黒いまでに繁った山々が雲を被ってゐる有様を見ると、我信州の山でも見る様な気がしました。島内第一の高峯はコロニーの南方三里の奥にあるナヌカワート山（二、六〇〇尺）だそうで、此処へ登るには途中叢林が深いため意外の時間を要し、どうしても山中に一泊しなければならないそうです。

産業試験場を出て、コロニーの東方小岬の林中に小屋を建て丶棲んでゐるグリーニッチ島民の部落を訪ひました。グリーニッチ島はポナペの遙か南方、殆ど赤道直下にある珊瑚礁島で、彼等は時々此処へ遊びに来て半年以上もこんな生活をしてゐるのだそうです。例の鍬の様な形の釿で玩具の舟を造ってゐました。其の船は非常に精緻に出来てゐましたが、出来上るには尚数日を要するそうで、買ひ求める事は出来ませんでした。

此処でパンの実を石焼してゐる現場を初めて見ました。

彼等はポナペの土人に比べて飽くまで黒く、体格偉大、頭髪は縮れて、明らかにポリネジヤ人の血の濃い事を語ってゐます。

帰船前、外人墓地を訪れ、島民にたずねて漸くクバリーの墓を探し当てました。クバリーは一八四六年ワルシャワに生まれ、若くして波蘭王国建設運動に参した後独逸に亡命し、ゴドッフルア博物館の採集員として南洋に来た人です。ゴドッフルア倒産の後、数奇極まる生涯を送り、一八九六年、失意の身を自ら生命を断ちました。彼の一生は不幸に終始しましたが、彼の蒐集した莫大な標本と精細な記録は南洋民俗学上の権威となってゐます。

篤学にして薄幸なりし此の奇特家の墓は、今省り見る者も無く荒れ果て丶、只墓畔に一本のマンゴーの大樹が物語りげに繁ってゐるばかりです。絶大なる感激と倶に色濃きクロトンの一枝を捧げ、野草を除き、彼の魄の安らかならん事を祈り、瞑想し、回顧し、しばらくは立ち去り得ませんでした。彼逝って三八年、果して私と同じ位の感激を以て此の墓を訪れた者が幾人あったでせうか。岡本巡査もドクターも私の彼を尊敬する事深く、感激の大なるに引かされ、思はず倶に感激し、倶に力を合せて墓を清掃して呉れました。

嗚呼、銘記すべき、今年今日、クバリーの墓参は此の行の重大なる予定の一つであったが、今其れを果しました。

全く夕晩れに及んだので南洋興発の出張所を訪れ、其処のランチで本船に送ってもらひました。今夜は此処に錨泊します。船が動揺せぬので非常によく安眠しました。

**四月一三日**

早朝の内、油絵でスケッチを二枚試みました。

九時一五分出帆。出帆後数十分にして大スコールが島を襲ひ、島は忽ち乱雲の間に隠れました。スコールに襲はる丶ポナペ島を幾枚かスケッチしました。

船は再び外海に出で東へ、東へと、顧りみればスコールの間より、ポナペの山々は青く、又黒く、ジョカージの断崖の追々小さくなって行くのが見へます。

今日一日スコールは絶へず船を襲ひ続けました。

本日正午摩耶丸の発表左の通り。

北緯　六度五九分　東経　一五八度三四分
航走浬程
自　ポナペ　二七浬　至　クサイ　二八九浬
天気　颷　風　東南　気圧　七五七・八ミリ　気温　大気二六度　海水二九度

今日は非常に涼しいのです。

昼食の時、昨日ポナペで買ったサウシャップを皆で食べました。此の果物については既に述べましたが、昨日コロニーの果物屋に大きなのが三個あったのを一個一〇銭で買ったのですが、今一個を八人で食べたのです。酷く安い物だと驚きました。

午睡の後、三時頃起き出て見ると、ポナペの山は尚海上六十浬程を距て丶小さく、薄く、相不変沢山の入道雲を被ってスコールと戦ってゐるのが望見されました。

午后五時半頃、夕食中モキール環礁が見へ出したと報告があり、六時四〇分、左舷八浬半の所に見て通過しました。此の環礁はウラク、モキール、マントンの三島より成り、何れも平台の如き低砂島で、夕霧の中に三個ともハッキリと認める事が出来ました(図)。

今夜は船の積荷が減ったので中々よく揺れますが、腹工合が良くなったので少しも不愉快ではありません。食事も大ひに進む様になりました。

夜は晴れ、南天の星座美しく、シリオス、南十字星、ケンタオリ、スパンカー等、北半球では眺め得ぬ光強き星が煌めいてゐます。

## 第一二便　クサイ島―ヤルート島

### 四月一四日

午前零時、ピンゲラップ環礁の南方一二、三浬の処を通過した筈ですが、暗中で望見する事は出来ません。午前六時半起床、天気快晴、波静、時に飛魚の躍るを見る。午前九時半、朝食中クサイ島見へ始むの報あり。東方水平線上に犬の歯の様に見へ始めたのは十時過ぎでした(図)。

クサイ島の大きさはテニアン島位の物ですが、全島針の如き山が重畳し、最高のヒンコル山は標高六二九米突に及び、時々雲等がかゝり、宛も我妙義山の様な風光です。

浜辺に僅の砂汀があり、椰子、マングローブ等が繁ってゐます。投錨すべき場所は島の西方にあるレゝと云ふ小島にあるので、船は左舷に峨々たる山々を見ながら島を迂回して行きます。此の間に面白い山の姿を何枚かスケッチする事が出来ました。

午后三時、クサイ島、レゝ投錨。此処には支庁は無く、ポナペ

バナナを搗く人

支庁の巡査部長が出張してゐます。

船長、事務長、ドクトル皆初めてなので公学校訓導、島民巡警等に案内されてレヽ島を一周見物しました。植物相は大した変化はありませんが、象牙椰子は殆ど無く、古々椰子ばかりです。

パン餅を造ってゐる所を見ましたが、土中に貯へられたパン果を水洗ひし、バナヽの実と一緒に木鉢の中で搗き(図)、バナヽの葉に包んで石焼きします。石焼きは椰子殻を焚いて手頃の石を積み、石が赤くなる程焼き、此の熱石の上に今の餅を並べ、上にオナと云ふ「喰はず芋」(南洋諸島到る所の山野に野生し、外観は里芋の様であるが、食用にならない。喰へば中毒する)の類の葉を被せて約三〇分程すると餅は芯から蒸し焼きになります。

南洋諸島一帯に最も古くから行はれる食物の調理法で、此れをウムウムと云ひます。

貯蔵されたパン果は酷く臭ふので、此の中に剥きたての香りの良いバナヽを一緒に搗き込むのは如何にも殤ましく、船のドクターは「バナヽはあのまゝ喰った方が美味さうな物だがなあ」と呆れてゐました。

此処で木製の杵一個を五〇銭で買ひ取りましたが、船長はそれを見て非常に面白がって笑ひましたが、後で又妙に感心してゐました。

クサイ島の民家

家をロムと云ひ、一般に床が高く、屋根は入母屋の様な形にこしらへてニッパ椰子の葉（椰子の類ではあるが、丈低く、湿地に生へる。其の葉は家の葺料に適す）で葺き、四壁は椰子葉又は木を細く裂いた物で網代の様に編みます（図）。

此処のカヌーはすこぶる貧弱です。男女倶に簡単な衣裳をつけ、赤褌素裸と云ふのは一人も居りません。

レ、島に古城趾の様な物があります。一巡りして見ましたが、時間が無いので詳しくは見る事が出来ません。其の城壁は素晴らしく大きな石を以て築かれ、城壁に沿って堀等が巡らされ中々規模の大きな物ですが、ことごとく荒廃し、榕樹其の他の雑木が生ひ繁って了ってゐます。此の城壁の中に数箇の墓穴の様な物があります。

上陸僅に二時間、船は夕景と倶に出帆、クサイ島の大歯状の山々が夕日を背負って黒くそゝり立ってゐるのを見残して、又真東へと進んで行きます。

今日摩耶丸正午の発表左の通り。

北緯　五度二二分　東経　一五九度三四分

航走浬程昨日正午ヨリ　二五九浬
自　ポナペ　二八六浬　至　クサイ　三六浬
天気　晴　風　東　気圧　七五九・五ミリ　気温　大気二九度　海水三〇度

夜は風涼しく、南天の星座輝き、火星の中天に懸るのを見ました。

**四月一五日**

晴、六時半起床。船長等とデッキビリヤード。午后麻雀等を闘はす以外一日海のみを見て暮らし、島影一つ終に見ませんでした。

正午の発表左の通り。

北緯　五度一七分　東経　一六六度一一分
航走浬程
自　クサイ　一八八浬　至　ヤルート　二二四浬
天気　晴　風　東北東　三　気圧　七五九・八ミリ　気温　大気二七度　海水二九度

此の書信を書き終へた時刻、四月一五日午后九時二〇分。明日は終に此の旅行の最東点ヤルートに着くのです。

# 第一三便　ヤルート島

## 四月一六日

午前九時、朝食中ヤルート島見ゆの報あり。一〇時同島南東水道入口に達しました。此の島は船上から向側の海が見得る程の細い島ですが、其の長い事は計り知られず、延々長蛇の如く、環礁の北方は遙の水平線上に見へなくなってゐます。然しよく見ると、此の細長い紐は所々切れて一つ〱の小島となって居り、ヤルート支庁のあるのは此の水道の入口向って左にあるジャボール島と云ふ極く小さい島です。

一一時半投錨。支庁長は目下上京中で、庶務係長等来船され、一二時上陸、支庁、公学校等を訪問。午后は支庁嘱託田中雪次氏に案内されジャボール島内見物、此処は文物中々に開け、島民は皆綺麗な洋装をして居りますが、足は裸足です。女の仕事は一日中洗濯する事と、蛸の木の葉を編んで美麗な敷物を作る事ですが、これは一枚を作るのにどの位の日数を要するのか見当がつかず、品物が少ないので日本人の手に入る事は極めて稀ですが、支庁其の他の方々に依頼し、せめて一枚は持ち帰りたい物と思ひます。

気候は常に海風が吹いてゐるので大変涼しいが、食物は乏しく、特に野菜類に最も不自由を感じ、内地人は遠くポナペ島から土壌を船載し来り、島の中央に土壇を作って僅の畑を作り、此処に野菜類を植へてゐます。鶏卵一個一〇銭以上、日用品総べて此の割で内地に比して二、三割増の高価になります。最も好く生育してゐるのは椰子と蛸の木で、蛸の木の多いことは今迄に見た事がない程です。

今晩私の宿泊所として案内された所は現在留守中の支庁長官舎で、此処は旧時独逸ヤルート会社支店長の居宅であった瀟洒たるバンガローで、庭樹は良く繁茂し、四辺に海を見下ろします。私の居室は二階の客用室で甚広く、立派な寝台付の寝室を備へ、室の両側は二間幅位のベランダになってゐます。恐らくこんな立派な室に起居することは今次旅行中、始めの終りとなるのでせう。

**四月一七日**

朝八時半、田中氏に親しく案内され、支庁ランチを借りて西方の当環礁の主島たるジャルーチに至りました。ジャボールから此の島に至る間は長く〳〵甚だ細い砂汀が連らなり、僅に椰子の疎林が断続してゐますが、人家はありません。二時間程して漸く島の幅が広く、椰子のよく繁茂した所へ来ましたが、海岸の珊瑚礁が浅くてランチを岸に着けることが出来ず、ランチに積んで来た極く小さなボートを下ろして珊瑚礁の上を島に漕ぎ寄せました。

植物と云っては殆ど椰子ばかりで、住民は相当にゐます。一軒の目下修繕中の家に入り、間取りや構造を仔細に調べることが出来ました。此の辺の民家で衣食住に関する種々の用具をスケッチし、正午近くなったので、前の入江に架した橋を渡って美しい椰子林の中に行き、そこで弁当を食べました。其の時荷物を担がせて来た島民の家が近くにあると云ふので、椰子の実を採って来る様に頼んだところ、大変長時間か丶って持って来たのを見ると、叮嚀に外皮を剥いた椰子玉を手製の籠に一杯入れて来たのには驚を吃しました。其の椰子水のすばらしく美味かった事は勿論で、田中サンは、島民が人に物を贈る時は必ずこう云ふ風に大袈裟にする習慣があるのだと話して呉れました。

此の附近の砂浜で、蛸の木の葉の蓆に編み込んで紋様を出す材料となるアダート（南洋群島、大低の島の海岸に生じ、良好な纖維植物であるが、ミクロネジアに於てはマーシャル以外あまり利用されてない）と云ふ蔓草や、根から澱粉を採るモクモク（和名たしろいも。群島到る所に産するが、マーシャル以外ではあまり利用されない。マーシャルでは此の根から澱粉を採取、団子として食べる）、キョブと云ふ白い花の咲く草等を見ました。

又此の近傍に、古い基督教の教会堂の廃趾があります。今は見るかげも無く立ち朽ちて屋根も無く柱ばかりが立ってゐますが、其の昔は中々美しい物であったと見へ、其の柱には蝶貝を以て色々の形が象嵌してあります。

帰りかけた時、一人の年老いた男が私と田中サンの後を追ひかけて来て、何かしきりと云ひ難さうに田中サンに話してゐます。田中サンがそれを通訳して、此の男が何か下らぬ物を買って呉れと貴下にお願してゐるのですがと苦笑して居られます。其の男が恐る〳〵取り出した物は、何と！　海菊珠の一尺許の首飾りではありませんか！　え丶買ひますとも。それで幾何位欲しいと云ってゐるのですか？と聞くと、少し高価いですが、せっかくあゝ云ってゐますし、貴下にとってそれがそんなにお役に立つならまあ一円やって下さい。と云ふので、此の美事な海菊珠の首飾りを僅に一円で買って了ひました。海菊珠はトラック以西では今日尚そう稀な物ではありませんが、マーシャルでは非常に稀で、マーシャル産の此の種の物は記録にあまり現はれてゐません。

田中サンは島語に非常に達者で、長く当島の警部を勤めて居られた方ですが、今回引退して支庁の嘱託となって居られ、島民は非常によく懐いてゐます。

帰りに、荷物を担いで呉れた男(其の名はラッチビチ)の妹が、クモ貝、スイジ貝、タカラ貝等の生きたのを取って呉れました。これ等の貝の生きてゐる物は素晴らしい美しさを持っていますが、殺して貝殻にして了った物は最早生きてゐる時の輝きを失ひ、更に其の海中で死んだ物は全く其の美しさを失って了ひます。

夕方ジャボールに帰り、沖縄人の魚屋が色々の珍魚を持ってゐたのでそれを買ひ、夜晩くまで写生をしました。

**四月一八日**

昨日の夜更しが祟って疲労が甚しく、午前中は全く仕事を休み、蒐集した資料の整理や、借りた文書の写し等に費やしました。午后此処の電信所にゐる山口サンと云ふ油絵の好きな人が訪ねて来て、一緒に海岸に行き久しぶりで心のどかにスケッチをしました。

**四月一九日**

今日はまた田中サンが案内して下され、ジャボール東方のイメージ島に向ひました。ジャボールを出るとすぐ東側が入港の時入って来た水道で、此処は海流早く、波高く、小さなランチは中々に揺れます。

水道のすぐ向側にエニージェットと云ふ椰子の沢山繁った島があり、これからは細く、長く、砂汀のみを以てアニマン島に続き、これからイメージ島までの間も殆ど砂汀で続いてゐます。イメージ島までの航行中、左方遙にこれに続くポッカン、エリ、エニブロ、アジーゼン、キナジョン、イムロジ等、此の環礁内の多くの島々を望見する事が出来ました。

イメージ島の景観は前のジャルーチと大差無く、少しの住民あり、色々の漁具をスケッチしました。

今日は暑さ甚だしく、ランチに戻って見た所、艇長が持参の投網でモリ〳〵と云ふ鯵によく似た魚を沢山捕って、土人に石焼させて待ってゐたので、弁当はそっちのけにして、椰子玉片手に、此の魚を満腹するまで食べました。

椰子玉の外皮を剥いた物は水を呑むに刃物を要する事なく、此の玉の尖った方を上に向け他の椰子玉を取って三稜部になってゐる所を少し強くコッ〳〵と三箇所たゝくと、ひゞが入ってポカリと一銭銅貨大の穴が開くことを教はり、此のコッ〳〵を幾度もやって、椰子玉を幾個も〳〵飲み干しました。

これよりエニージェット島に向ひ、艇中で約一時間程午睡しましたが、実に快よい睡りでした。

エニージェット島には、ミス・ホッピンと云ふ新教の尼さんが島民の為の学校を建て丶ゐます。同尼は島民の小舎と殆ど同じ家に島民と同じ生活をなし、年既に六旬に近く、バイブルをマーシャル語に翻訳するのを以て一生の事業としてゐます。実に恐るべき意思と忍従の力を持ってゐると思はず尊敬の念にたへませんでした。

今次南洋旅行に出てより、しば〱欧州人が宗教上に、文化上に一身を忘れたる不撓不屈の精神を持てるを見、切に彼等が今日世界文化の先進国たるを誇るも又偶然でない事を知りました。翻って我国精神文化の指導者とも云ふべき階級者の実情はどうでありませうか。特に宗教関係のそれはどんな有様でありませうか。私は全部が全部そうだとは申しませんが、単なる葬式業者、法事業者となり、お花に、お線香に、一銭でもお布施の多からん事を希ひ、やれお施餓鬼だ、やれお十夜だ、お盆だ、お彼岸だと檀家の懐中を目当の催し物に憂身をやつし、墓地、境内地をつぶして賃貸を建て、敷金は高利をつけて烏金に貸出し、空念仏に数珠をつまぐって利息の計算に余念の無い宗教家が絶対に無いなぞとは申せないと思ひます。

ランチに乗ってからも、嗚呼、日本は未だ〱駄目だ、と思はず慨歎これを久しふしました。帰途、入港碇泊中の神功丸と云ふ南貿の離島航海船に立ち寄りました。此の船は一七日の朝、汽笛を鳴らしながら水道を入って来るのを見た船で、大きさ約五〇〇噸位、平素はマーシャル各島を周航してコプラを集めて来るのですが、年に三回だけ英領のギルバートに行く事になって居り、あたかも此の二五日は其のギルバート航であると云ふので、千載一遇の好機を逸せず、最初の計画では摩耶丸に乗ってポナペ島まで帰る予定だったのを変更してギルバートに行く事に決め、神功丸船長に会って乗船の申込をしました。

ギルバート群島はヤルートの東南二七〇浬の位置にあり、船は群島中ブタリタリ、タラワ両島に各二晩を碇泊し、往復日数倶約一三日を要します。従って再びヤルートに帰るは五月八日頃となり、其の頃入港の筈となってゐる次の定期船を得てポナペに向ふ事となります。それまで音信をもたらすべき船はありません。

神功丸より更に摩耶丸に至り、予定変更の由を話し、同船々室にそのまゝになってゐる荷物全部を陸揚すべき事を依頼し、船長等と晩餐を倶にし、夜に入って、摩耶丸のボートで送られて帰りました。

**四月二〇日**

今日摩耶丸は内地に帰ります。荷物の託送、各所に出すべき音信等大忙しです。これまでの蒐集標本、資料等は全部箱詰にして此の船に託送してしまったので大変身軽になりました。此の手紙も此の船が内地に持って帰るのです。

もう手紙を書く時間がありません。

# 第一四便　ヤルート島の生活

**四月二〇日**

摩耶丸で最後の昼食をなし、其の出帆を見送って宿所に帰り、非常に疲れて午睡しました。三時頃電信所の山口氏来訪され「まんぼう貝」と云ふ赤い美しい貝を贈られました。それから支庁に行き、其処に所蔵されてゐる土人の武器数点をスケッチしました。マーシャル滞在の期間が長くなったので、急に豊富な資料を蒐集することが出来る様になり、かへって忙しくなりました。

**四月二一日**

数日来暑気激しく、夜間も窓を開放して就寝したる所夜中にスコールあり、其の為咽喉を害し病院に行きて治療し、野外の仕事を休んで支庁所蔵の土俗標本スケッチに終日従事しました。

夜、南進貿易の池田氏と云ふ方見へられ、談たま〳〵土人をモデルにスケッチしたき事に及び、池田氏モデル物色を引受けて帰らる。

**四月二二日**

早朝、池田氏、小酋長ラジョリと云ふ者と其の一族の女一人を連れて来られ、午前中其の人々を描く。

午后、大酋長ライラン家の支配人川上萃蔵氏、又一人別の女を紹介しに来られ、其の女をモデルとしてスケッチをする。何れも日本語一つも出来ず、大いに閉口しました。

**四月二三日**

今日も又ラジョリの一族の女(名はリアム)を描き、午后は支庁に行き、ウヂアエ島人故老ルンマーンと云ふ者より独木舟に関する聞き取りをしました。

**四月二四日**

田中サンと倶に大酋長ライランを訪問。其の支配人川上氏を介して大酋長に面会しました。彼は西列島(マーシャル群島は東西二列あり、其の東の物をラタック——日の昇る方と云ひ、西の物をラリック——日の入る方と云ふ)の大酋長でマーシャル第一の土地所有者の由ですが、既に甚だ老齢です。小生よりシャツ、ネクタイ其の他の小間物を贈ったところ、彼より一枚のジアキ、即ち蛸の木の葉を以て編んだ敷物を贈られ、川上氏よりは蝶貝製の釣鉤二個を贈られました(次頁の図)。何れも中々得難き珍品です。

午后再び川上氏を訪れ、椰子殻に関する伝説があると云ふ事を聞いたので、それを知ってゐる土人を探してもらひましたが、中々見つからず、漸くアイリンラプラプ島のアシターと云ふ者を探し出して聞くことを得ました。

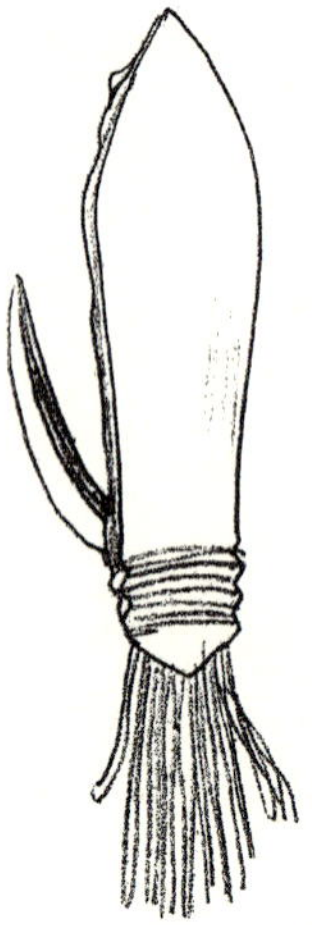

蝶貝製釣針

夕方スケッチの道具を持ってジャルーチ島へ続く地峡の方へ行って見ましたが、茫洋として蛸の木の繁る海岸のみ。何の収穫もなく帰り、其の夜は深更まで明日のギルバート行きの支度にかゝりました。

**四月二五日**

多忙且収穫多かりしヤルートの九日間も早過ぎ、今日は愈々我国の版図を離れ、更に英領ギルバートに向ふべき日と成りました。昨夜は深更まで荷造りにかゝりましたが、今朝は七時と云ふに早や眼は冴へ、支度も万端すませ、船出を待つ時間、宿舎のベランダから椰子林と海とを六号にスケッチしました。

# 第一五便　ギルバートまで

四月二五日午后三時　神功丸出帆。支庁齊藤庶務係長、田中嘱託、服部南貿支店長等親しく船まで見送らる。厚意謝するに言葉なし。船は僅に五〇〇噸。船員も高級船員を除きては島民の水夫多く少しく異色あり。もとより貨物船なれば船室と云ふ物無く、南貿側の特別計らひにて高級船員の一室を空けて余一人の為めに用意されたれば、狭くはあれど気分は極めて宜しく候。

三時半愈々右にジャボール海岸、左にボッド島を見てヤルートの水道を出づれば、外洋のウネリ意外に高く、船は早くも激しく傾く。摩耶丸にて初めて此の海峡を通過せし時、ボッド島の砂浜に高く舳を突き出し居り候古きポルトガルの難破船は、今は満潮時の蒼波の上に僅に頭を出し居るのみ。船員に島民多きため、右舷側ジャボールの浜辺には其の家族等、青、赤、黄とりぐ〵の衣服を着、船と倶に砂汀を走りて、見へずなるまで布を打ちふり、船員も皆舷側に立ちてタオルを打ちふる等、南海の出船の有様又一際の情趣を副へる物有之候。

一吟あり、

荒ぶれど思は同じ島人の
　夫送るらし、子や送るらし。

船稍遠く島を離れ、ヤルートの椰子の浜辺入日を負ひて見へければ

浜低く椰子のみ高く夕日うけて
　白波よするヤルートの島
やがて船はスコールに襲はれ、島の方は太陽輝きて見へければ、
颱雨《はやてあめ》　船は曇れどヤルートの
　椰子生の島根波光るかも

思はざりき、身は帝国の最南最東の地を極め、更に今長駆赤道直下に外藩を訪れんとは、万感胸に迫り、茜さす夕日の下、ヤルートの椰子の木立見へずなるまで上甲板に立ち尽し、真に、「命なりけり……」と詠じたりし彼の西行が言葉、意味は異なれど深く味は丶れ申候。
午后五時を過ぎヤルートの島影は夕闇とスコールの内に姿を隠し、南太平洋の波浪は木の葉の如くに船を翻弄し、夕飯もす丶まず、終に船室に退却の止むなきに至り、船室にバナ丶と紅茶を運びもらひ漸く喉を通したる程にて、無上の感激も船暈には勝てず、今宵は安眠すら出来ず明かし申候。

**四月二六日**

南太平洋の雲多き空に、夜は明けたれど船の動揺止まず、終日臥床し暮らす。昼食に僅にトーストと

アスパラガスの缶詰を喰ふ。これは快く喉を通り申候。夕食頃になり非常に空腹を感じ、且気分も稍勝れたれば、ハム、アスパラガス、トースト等を食べ申候。アスパラガスは何時も美味にて、此れはヤルートの南貿にて買ひ求めたる、無印小缶の粗製品にて、東京等にて売り居る角缶入を喰ひたらば如何に快よからん等と思ひ起し候。

**四月二七日**

今日もスコールに明け、スコールに暮れる。波稍静なれば起き出で、、後部甲板に行き土人船客と話したり、船長室に遊びに行きたりす。午后機関長の室にて、日露戦争当時佐渡丸遭難の話等聞きながら、椰子の花梗より採りたる汁を煮つけたるチャカマイマイ(椰子の新芽に出た花梗を縄で緊縛し、先きを切り、切口へ器を受けて置くと甘い汁液がたまる。これをマーシャル語でチャカローと云ひ、良好且栄養価の高い飲料であるが、更にこれを弱火にかけて煮つめると濃褐色ドロ〳〵の非常に甘い蜜となる。これをチャカマイマイと云ひ、水にうすめて飲むと非常に美味い。南洋群島到る所に於いて用ゐられる)と云ふ物を試飲したるに、味あたかも蜂蜜の如し、探し求めて東京に持ち帰りたき物に候。

午睡より覚めて見れば、左舷遠く椰子繁れる低砂島数個を認む。此れギルバート群島中のアパイアン環礁の島々にて、船近づくまゝに椰子は線に砂白く、カヌーに帆上げたる人までも認め得申候。今日初めて外国領の島を見たる次第に候。

海面に黒くなるまで水鳥が群れ飛び候は、カツオの大群が居るにて、これはつまり、鰯の大群を水中からカツオが喰はんとして集まり、空中よりは水鳥が群がって漁り居る物にて、俗にカツオ鳥と称し、船人は此の鳥群を以てカツオ群のある場所を知る。本船にても此処にて一尾のカツオを釣り上げ、夕食に供し候。

午后四時頃アパイアン環礁は視界を没し、早くも左舷前方にタラワの環礁を認め、六時には環礁の入口に達したれど、夕闇既に迫り、入港は危険なれば今宵は外海に碇泊す。天候全く凪ぎ、港外月明に風涼しく、遠く島の燈火を認む。船客の島人等も元気づき、甲板に出で、民謡等を唱和す。晩食後船長等舷側に糸を垂れて釣す。忽ち尺余の物数尾を釣る。余も又道具を借りて試みるに、短時間に二尾の赤色の鯛の如き魚を釣り上げたり(土名テ、イゴ、と云ひ、フエダイの一種)。

然れども之等は有毒にして喰ふ能はざる由、なべて南洋珊瑚礁内の魚は「ふぐ」の如く其の身に毒を有するにあらず、食餌とする。珪藻類の毒物を体中に保有する物にて、食後身体に痙攣を起し、甚だしきは死に至る。

深更に及び、無電技師は一尾の鱶を釣り上げ、甲板総出にてこれを撲殺し、魚釣りはこれを以て終了せり。

# 第一六便　ギルバート群島

## 四月二八日

天明と倶に環礁内に入り、午前八時港内投錨。此の島に英国駐在官在り。ギルバートは英領フィージー総督の管轄に属し、タラワに駐在官三名がゐるのみ、後は土人巡警のみでギルバート群島一四の環礁を統治してゐるのです。数世紀に亘って海上に覇権を握った英国の施政の巧妙で、無駄を省いた事は、以て我国将来の南進政策上に大ひに考へるべきところある様に思はれます。

本船が投錨して検疫旗（黄色い旗）と郵便旗を掲げるや、陸上から一隻のボートが二人の英人官吏と五人の土人巡警を乗せてやって来ます。英人の内一人は駐在事務官、一人は医官です。事務官は若いオックスフォード出の立派な紳士で、此の様な辺境にまでかゝる高等教育を受けた人士を派遣するところに実に遠大の用意を見るべく、これ等も我々にとって大ひに省みなければならない点です。

土人巡警は上衣は英政庁のカーキー色赤筋入りの制服を着てゐますが、下肢にズボンを穿かず、同色の腰巻をなし、膝から下は全くの素裸足で実に奇妙なスタイルです。

九時船長等と倶に上陸、船長、事務長等が役所で入港手続を取ってゐる間、機関長等と島内を一巡見物しました。

島内は実に清潔で、街路整然、椰子林の中にさへ塵芥一つ落ちてはゐません。塵芥を抛って置いた者

ギルバートの便所

は罰金に処せられるのです。

島民の家は床高く、屋根は椰子葉で葺き、四壁なく、夜間だけは椰子の葉で編んだ蔀の様な物を四周に下げますが、朝六時半になれば島の中央に木の太鼓の様な物があり(土名ラリ。元来はフィージー島の物で、フィージー総督管轄下に於ては皆此の木鼓を以て時を報じる様になってゐる)、これをたゝくと倶に皆起きて蔀を上げ、屋内が見へる様にします。これに違反すれば矢張り罰金です。道路の両側は公園の如く、パン樹其の他の大樹よく繁茂し、民家はすべて道路に直面して建てられず、十米突位引込んで建てる規則で、これに違反することも出来ないのです。

夜九時になると巡警がホラ貝を吹いて巡り、之以後に起きて屋外を徘徊してゐれば違反に問はれます。

島民はマーシャル人に比べて体格偉大、且面相獰猛で、性質も慓悍です。男子は短い腰巻を着け、女子は簡単衣を着てゐますが、マーシャルの様な華美な服装はしてゐません。

島内に濠洲バーンス・フィリップ貿易店の支店が一軒ありましたが、島民相手の雑貨を売るのみで、絵葉書等は求むべくもありませんでした。

正午本船に帰り、昼食後午睡、目覚めたる時は船が既に錨を上げ、航路を再び北に向け、ギルバード群島最北端に位するブタリタリ島に向ひました。本船の目的は元来此のブタリタリ島にあるので、タラワには何の荷役もないのですが、ブタリタリ島には政庁なく、入港手続が出来ないので、わざ〲一〇〇浬の余も南にある此の島までやって来るのです。

タラワ島は北緯一度半、恐らく今次旅行の最南端となるでせう。

夕刻、昨日見たアパイアン島の鼻を過ぎ、此の辺で数尾のマグロやサワラを釣り上げました。此の夜は波再び高く、船は大ひに揺れましたが、もはや身体がなれてゐるので平気でよく安眠しました。

**四月二九日**

早暁ブタリタリ島港外に達しましたが、天尚暗く、海流早く、海底には数知れず珊瑚礁が潜んでゐるので迂闊に入港する事は出来ません。そも〲南太平洋は「世界の船の墓場」とさへ云はれる所で、潮流の早い事は比類無く、島は多く低い珊瑚礁ですから愈々近づくまで視界に入りません。そして底には無数の暗礁が発達し、暗礁の無い所は急に三、〇〇〇米突、四、〇〇〇米突と云ふ深海になってゐると云ふ恐るべき魔所です。幸ひに南洋には北海の様な霧が少ないのですが、若し此の上に霧があったなら、航海は更に〳〵困難を加へるでせう。我神功丸の大久保船長は南洋にある事長く且沈着勤勉な立派な船長ですが、其の豪胆、熟達を以てしても早暁に船を環礁内に入れる事はしません。否、その様な危険性のある事を絶対にさける事こそ、練達の士のとるべき態度であると云ふべきでせう。

六時半、素人の眼には既に明るいのですが、尚深海中の珊瑚礁を識別するには不充分であると云ってゐました。

八時に至り、船は水深を計りつゝ徐々に進行して環礁内に入り、ブタリタリ南貿埠頭を去る五町浬沖、深さ約二尋半の所まで行って投錨しました。二尋半と云へば海底と船底とはすれすれです。この船長の綿密さを以て知ることが出来るのです。

南貿支店長神崎長次郎氏、同店員増淵信吾氏、即ち在留ブタリタリ島邦人の全部、及び総村長プレンタラワ君来船。神崎、増淵両氏は三、四箇月ぶりで日本人の面を見て大ハシャギです。しばらくは積る話に時の経つのも忘れ、船で午餐を倶にし、午后上陸、南貿支店に入りました。

支店長神崎氏は相洲藤沢の産で、ギルバートに在る事十数年、英人とギルバート人の混血児を妻として子女数人あり、学齢に達した者は東京に出して教育して居られる由。此の島に濠洲バーンス・フィリップ会社及支那安昌公司《オンチョンコンス》の二つの商館支店あり。南貿は此の両店に対抗し、はるかに優位を占め邦人の為めに気を吐いています。

ブタリタリ島はヤルートと同じく珊瑚礁島ですが、島の幅は遙に広く、椰子林はよく発達し、パン樹、タマナ樹、蛸の木の他にマーシャルでキレン、ウット、イン、マル等と呼ばれてゐる樹木も沢山よく繁ってゐます。島民はタロ芋、マコモク、椰子等を主食物とし、特にタロ芋は水田に作らるゝ大タロ芋が多く、島の中央部に深さ二尺位の水田を作り、一株毎に蛸の木の葉を根に巻いて保護を加へ、数年間栽培し、一株の球根がバケツ位の大きさになった物を採取して、一個よく数人の家族が数日間の食糧とするに足ります。食料として最もよく利用されてゐる物はテヽカレウエ即ちマーシャルのチャカローで(次頁の図)、椰子の花梗が出た時これが開かぬ様に椰子縄を以て巻き、其の先端を鋭利な刃物で切り、こゝから滴る汁を椰子殻に受けます。一晩で椰子玉に満ち、一本の軸は順々に新しく切口を作ってよく、一週間以上の使用に耐へます。これは島民日常の飲料で、朝夕皆小刀と椰子玉を持って之れを切りかへに歩いてゐます。味は椰子果の中の水より遙に甘く且しつこく、栄養価に富み、乳児にして母乳の不足の者もよく此のチャカローで育つと云ひます。此の汁を放置して置くと醗酵して酸味を生じます。

民家の構造等はタラワに同じ。島民の女は中々勤勉で、盛に蛸の木の葉で蓆を編んでゐます。ギルバートの蓆はマーシャルの物と大ひに趣を異にし、蛸の木の生葉を乾した物と枯葉を乾した物を編み交ぜて巧みな文様を現はしますが、マーシャルの様に他物を以て文様を現はす事はありません。蓆の製作はマーシャルより遙に盛で、祝儀不祝儀に皆此の蓆を以て贈答品とします。蛸の木の葉を打つ砧は、マーシャルでは石又は硨磲貝の化石を以て非常に重い立派な物を使用してゐましたが、此処のは皆鉄木製です。

チャカローを持つ人

此の島にブタリタリ及バンカイの両部落があり、此の日は村々を一巡し、島民が使用してゐた鉄木製のパイプ一個を入手しました。

米国から輸入されるロープ煙草と云ふ物があります。長さ二〇糎程、縄の様によじってあって、半湿性、非常に佳い香気がありますが、日本人には強過ぎて嗜好に適さず、島民は甚だしくこれを好み、仲には噛んで喰ふ者もあります。島民を訪問し、交易等に用ゐるに絶好の良貨です。

此の夜は神崎氏の心尽しの歓待を受け、船長、事務長等と深更まで語り明かしました。神崎氏のハシャギ方は想像を越へ、余等が疲れて寝ようと云っても、「まあ、何時またこんなに日本語が喋れるか判らないのだから、睡からうが我慢してもう少し喋らして呉れ給へ」と云ふ騒ぎです。

**四月三〇日**

早朝より船長、支店長等は満潮を利用してコプラの積み込みに忙しく、私は支店長夫人の弟に当る混血児の青年と一緒にブタリタリ部落に行き、スケッチ並びに土俗品の蒐集に従事しました。

午后は一人でバンカイ部落へスケッチに行った所、スコールが降って来たのでカヌー小屋へ雨を避けながら、其処で船を造ってゐる人々と手まねと片言の英語で色々の話をし、例のロープ煙草を一本やってすっかり仲善しになりました。此処の土人は天性甚快活で且理解力がよく、向ふから色々の道具を見せたり説明したりして呉れます。

ギルバートの集会所

バンカイ部落に村の集会所があり(図)、非常に広大且特徴のある建築物で、珊瑚礁で造ってある其の柱石は、前に見たサイパンやテニアンの古マリアナ人の遺跡に甚よく似てゐます。

此の集会所の前に総村長ブレンタラワ君の家があり、偶々村長に会ひ、案内されて彼の家に遊びに行き色々の物を見せて貰ひました。

土俗品や人物のスケッチをすると、家内中総出で色々と評をして見てゐます。雨が酷く降って来て帰れなくなったので何時までも遊んでおり、村長の妻は一枚の舞踊用の着蓆を贈物として呉れたので、私の方からはガラス玉の首飾りとロープ煙草とを贈りました。

雨が止んでから、村長は村の役宅を案内して呉れました。役宅の大広間の壁には英国皇帝の写真が掲げてあり、中庭には毎朝国旗を掲揚する柱が立ってゐます。

夕方晩く南貿支店に帰り、昼間干潮時に船長が投網で捕った鰯や鯵を沢山持って来たので、これを色々に料理して食べました。

此の晩支店長夫人の兄弟の家で、何か底抜騒ぎをやってゐるのを見て、行って見ると近所の人々が集まって舞踏に興を催してゐるのでした(図)。私達が行ったので騒ぎは愈々本格的となり、体格のよい若い男女が南海の情熱たっぷりに踊りを数番見せて呉れ、中でもサモアの踊りは最もすさまじい物でした。船長及私の名義でビスケット一缶を贈り、踊手より蓆を贈られました。舞踏の席で双方から贈物をするのが此の土地の習はしなのです。

**五月一日**

今日も又船の連中はコプラの積み込みに繁忙を極め、私は近所の民家に入りこんでは土俗品のスケッチ、蒐集に夢中です。手当り次第に、道具、人物の別なく

ギルバートの踊り

スケッチをするので私は村中の評判となり、わざ〳〵宿所までスケッチを見に来る島民があり、村を歩いてゐると、皆向ふから「コナマオリ」(今日はの意)と云って挨拶を送って来る位顔が売れて了ひました。又色々の土俗品を買ひ取る事が知れ亘ったので、人々は向ふから私の宿所に色々の物を持って集り、私は居ながらにして土俗品の蒐集をする事が出来る様になりました。わけても面白く且気持の良い事は、此の島の人々は利に恬淡で、持って来た物の価を論ぜず、私の方の推定で支払った物を持って嬉々として帰って行く事です。

午后カヌーをスケッチし、カヌーに乗せてもらってしばらく舟遊びをしました。今日蒐集した土俗品の中、鉄木の枝を以て作った鰻の簗は実に素晴らしい逸品です。

船長は又鰯を捕って、船のコックに鮨に作らせて持って来て呉れました。実に美味でした。

**五月二日**

今日は朝から絶へずスコールあり、外出出来ず、神崎支店長の肖像を描きました。村民が大勢遊びに来、土俗品を呉れたり、色々珍しい話をして呉れたりする。

午后、雨が止んだので外海岸を散歩しました。

夜、ブタリタリ村集会所に踊りがありました。此の島では踊りは水曜日と土曜日に限られており、今日は特に我々から村の顔役に頼んであったのですから、我々は主賓で、村中は総出で腕によりをかけて踊りました。

第一番をネイエトアと云ひ、ブタリタリ特有の踊りで、男子数十名、頭に花を飾り、裸体に蛸の木の葉の飾蓆を纏ひ、腰に椰子葉の蓑を着け、棒を持って踊り、女子は踊りの列に入らず、前列に出で、踊りの気勢を添へます。非常に勇壮且長時間に亘り、間に数回の休憩をします。

次も特有の物で、一人の男が座ったまゝ、膝に飾蓆をかけ、中央で歌を唱ひながら手ぶりと表情をなす物で、数十名の者はそれを取り囲んで歌を唱ひ手拍子を打って気勢を添へます。三人の者が主役をつとめ、各二曲づゝを踊りましたが、最初の一人が、表情も歌も特別に優れ、声曲巧妙、時に勇士の功績を述べ、時に乙女の情熱を唱ひ、折からの疾雨に和してよく遊子の心をして涙襟に満つるの思ひあらしめました。

これを以て当日の主題は終り、後は余興としてエリス島の踊りあり、サモア島の踊りあり、興は酣となり、乱舞頂上に達し、戸外の雨は益々激しく、椰子の蓆は風にはためき、幾百のランプは明滅して不思議な効果を場面に与へ、孤島の一夜、人々は時のたつのも忘れて踊り痴れてゐました。

**五月三日**

今日も終日雨。島民の交易に来る者、愈々多く、為に多くの土俗品を蒐集し得ました。其の中に非常に美しい扇がありました。

夕刻、同じくブタリタリに碇泊中の汽船マッコーレイ号の船長、夫人子どもを同伴して遊びに来り。私のスケッチを見て面白がっておりました。夫人は物優しく、愛想のよい人で、子どもは二歳と数箇月、実に可愛い子でした。

明日は愈々出帆と云ふので船から運転士と機関士が来て晩餐を倶にしました。

**五月四日**

今日は出帆です。朝の内蒐集品を荷造りして船に送り、最後のスケッチにと村内に出かけ、此の島に滞在中、色々親切にして呉れた土人達の顔をスケッチしました。

午后、船の出帆を知った知り合ひの土人達が手に手に珍しい土産物を持って来て呉れました。其の内珍物は蛸の木の葉で作った冠でした。

午后三時、酋長桟橋よりボートで発動機船カリヤマキン号(カリヤマキンは南貿支店のある岬の名)まで行き、それから此の発動機船で沖合の本船まで行きました。支店長以下土人に至るまで、一面識ある者は皆船まで送って来ました。

正三時、ティアカポー〱(左様ならの意)の声を後に、船は思ひ出深きブタリタリの港を出ました。

嗚呼、南海の涯、ギルバート、私は再び此の地を訪れる事は無いでせう。私は島が見へなくなるまで甲板に立ち尽しました。

島が見へなくなると同時に私は船室に入り、数日不眠不休の疲れ一時に出で、全く死んだ者の様になって寝台に倒れ込んで了ひました。

**五月五日**

目が覚めて見ると船は既にタラワ港外に着いてゐました。九時半です。船の人々は海関手続に上陸し、私は甲板からスケッチをしました。

今日はお節句です。船員達にビールを饗応しました。貧弱な船庫のビールは全く無くなり、其の晩船長は大切なウヰスキーの罎を開けて私を御馳走しました。

午后三時出帆、四時半アパイアン沖通過、船は再び波浪高き南太平洋の航海に出ましたが、既に身体が慣れて夕食は平常と同じに食べられました。

此の夜船は実に烈しく動揺しました。

**五月六日**

天明から波浪愈々荒れ、舷側より高い小山の様な浪が次ぎ〳〵と押しよせて来、水平線と云ふ物は見へません。時々波浪が甲板を洗ふので、前部甲板は危険で立ってゐられません。

**五月七日**

天気回復、波は静まりましたが私の頭は非常に痛みます。

海鳥が一羽事務長の野田サンの室に飛び込みました。午后一時になって船員がヤルートが見へ始めたと報じましたが、肉眼にはまだ見へません。水夫等は皆嬉び勇んでゐます。私も又今やヤルートを望むと我家の如く、端無く桑乾の水を渡ってかへって併洲を望めばこれ故郷の語を思い、一時半肉眼に椰子の樹の矗々たるを望み得、二時半入港するまで瞬時も船橋を離れず眺め尽しました。

ヤルート支庁、南貿の方々来船、上陸と同時に大スコールがあり皆々ズブ濡れとなりました。

夜に入って、ギルバート滞在中、毒虫にさゝれ、当時はそれ程に思ってゐなかった所の痛み烈しく、疲労も甚しいので早く就寝しました。

## 第一七便　再びヤルートよりポナペまで

**五月八日**

今日は大体休養と定め居候も、ヤルート滞在の日も早少なければ名残惜しき事限りなく、スケッチの道具を携へて水道の方へ行きて見る。海峡の波は何時もながらに高く、例のポルトガルの沈没船の舳波間に出没せり。何がさて、散歩と云ふも十五分にて一周さる、当ジャボールの事なれば、無聊なること甚しく、ライラン大酋長の所へ行き、川上氏に久しぶりにて会ひ、ギルバートより持ち帰りしロープ煙草を贈りしところ、これはライラン大酋長の大好物也とて喜ばれ候、出発前依頼し置きたる土俗品標本もあらかた調達され、轆轤錐の如き物もわざ〳〵新らしく調整され、氏の御厚意に対しては御礼の申し上げ様もなき程に候。

夜、田中雪次氏を訪問す。氏も又出発前に依頼し置きたる土俗品御調達なし置き下され候。それ等の貴重なる標本は数箱に詰めて次便春日丸にて託送致し候間、大切に御保存下され度候。

**五月九日**

正午少し過ぎ春日丸入港。筑後丸、摩耶丸等に比して非常に美しき船に候。東京の人々よりの通信久方ぶりになつかしく披見致し候。

五月一〇日

最早滞在の日少なければ大奮闘に入る。午前、スケッチ二枚を描き、午后はミリアムと云ふ一四歳になる少女を描く。今までのモデルの内最も愛嬌に富める児なり。

五月一一日

朝より大雨降り、湿気甚し。ギルバートにて刺されし毒虫の傷痕痛む。

少女ミリアムのデッサン数枚を描く。午后は南貿に行き託送品の荷造りを依頼せり。春日丸は愈々明日午后四時の出帆と定まる。楽しく収穫多かりしヤルート滞在も、最早あと一日と相成候。

五月一二日

夜中、豪雨あり。雷鳴を倶ひしも、天明と倶に止み、追々と好天気になりたり。支庁の人、南貿の人、神功丸の人々に別れの挨拶す。これ等の方々より贈られたる珍貴なる貝、土俗品、土産品等山の如く、又々荷造りの追加に大童となり、午后は出帆までの時間僅午睡す。

午后三時乗船。例により沈没船の舳を左に見つゝ、ヤルートの水道を出でしが、前航と異なり、船大きく、船足疾ければ左まで動揺せず、実に愉快なり。此の船に往航トラックまで摩耶丸に同船せるボンズ神父、及エニジェット島のホッピン尼同船され候。

ヤルートは日の晩れまで視界を去らず、長く〳〵帯の如くに船の右舷に続けり。これ回遊のジャルーチの島なり。

夜に入れば海黒く、空晴れ、北斗は右舷、南十字は左舷、今宵は疲れたり。早く眠らん。

**五月一三日**

航海至極平穏、船殆ど動揺せず。春日丸三、四九七噸、古き濠洲航路船にて、グラスゴー製の甚だ美麗なる客船也。

正午の発表左の通り。

北緯　五度三一分　　東経　一六六度〇三分

航走浬程

自　ヤルート　二三六浬　至　クサイ　一八三浬

天気　曇　風　東　四　気圧　七六一・一ミリ　気温　大気二九度　海水二八度

明朝六時クサイ入港の見込。

**五月一四日**

早朝、クサイ入港。朝のコーヒーとパンを食べたるのみにて上陸。レ、島部落内を最大スピードにてスケッチし廻る。

島内にてホッピン尼に遇ひ、ミッション・スクールのキャンピングハウスに案内され、折からのスコールを避けて一休す。

土俗品多少を蒐集し十一時半本船に帰り、十二時出帆。朝食ぬきなれば昼餐が素晴らしく美味く、殊に此の船は本式の客船なれば食堂は豊にて、乗船中のみ氷製品の喰へるは実に有難し。

午后、事務長がクサイ島より携へ来りたるマングローブ蟹を茹で、レモン汁と醤油をかけて喰ふ。美味也。

**五月一五日**

午后、天気よく波静也。正午少し前ポナペの島山、手に取る如く見へ始む。

以上の通信は春日丸に託して内地に至るべく、次便は次の定期船によるべく、少なくとも一箇月後になるべしと存候。春日丸船上にて。

# 第一八便　ポナペ島の記

## 五月一五日

午后二時半、春日丸ポナペに入港。時あたかも満潮前にて船客中の希望者、南洋興発のランチにて直ちにナンマタル古城趾見物に向ふ。小生は尚今後一箇月ポナペに滞在する予定なれば、此の古城趾見物は後の機会にゆずるも可なれど、又これも一つの機会と思ひ同行する事と致候。

ランチ二時間航程にてマタラニーム、ナーノウエイ島に達す、時既に夕に近けれど、同所タモン公学校長桐山氏の尽力を得て土人にボートを漕がせ、約一浬、ナンマタルの古城趾に至る。暮色愈々迫り、雨至らんとし、海潮又満ちて外岸に咆哮す。古城趾は一見既に甚怪奇、中に入るや更に凄絶、巨石不語、人文黙して、時に葉末を渡る風は幽鬼の啜り泣くかと慄然たる物あり。

此の古城趾発見以後ポナペを訪ふて此処に足を印せざる者なく、又クバリー以後此の古城趾に関する研究報告は、以て汗牛充棟も尚愚とすと雖も、而も今日真に此の来歴を知る者なく、今其の見聞を細に語らんとすれば此の文箋一冊を尽すも尚足らず、帰りて秋雨の長夜、酒盃を手にして活語するを待たるべく候。

同夕、マタラニーム、レータウなるマングローブ深き入江を遡り、タカイエ山と呼ぶ怪奇なる山峯の下を通過し、日全く没し、シャバラップと呼ぶ所の興発事務所に着き、同夜は其処に宿る。

## 五月一六日

満潮は夜明けの四時頃也。此の潮に乗じ浅きリーフを乗り切らざるべからず。皆々半醒の夢を捨て、汽艇に乗じ帰途につく。ムトコロジ島の嶮所（此処はリーフ甚浅く約一浬程の間海底は舟底とすれすれ也）を過ぐる頃より天明け朝暾を眺めつ、握飯を喰ふ。八時コロニヤ府につき支庁訪問。正午少し前余の宿舎として与えられたる佐野氏宅に入り、同日は午睡せり。佐野氏は支庁の一吏員に過ぎざれど、其の官宅は甚立派なり。これは支庁の客人の仮泊所にて佐野氏は実は其の番人なるなり。氏に一幼児あり、余の与えられたる室に来り遊ぶ、然も其の母は意に介せざるなり。夕刻支庁長訪問され、余に何等の希望無きやと問はる。余深く厚意を謝し、余の仕事の性質を説明し、願はくは別の宿舎を配慮されん事を乞う。支庁長よく了解され、明日は余を支庁の独身官舎に移さんと約束さる。佐野氏はしきりに余の去らざらん事をす丶め、独身宿舎の不潔不便なるを説く。これ彼氏は余の為めに云ふにあらず、自身の面目をつぶさる丶ことを恐る丶也。余も又彼の身分上、氏に同情せざるにあらざれど、彼氏の面目を全うせんためにポナペ島滞在一箇月を台無しとするは犠牲の大ひに過ぎたり。余の今回の旅行は、余の一生の内の或頁を綴るべき一つの過程なり。余の心甚苦しめり。然るに、同夜、余コロニヤ町に散歩に行き帰舎し見るに、氏及氏の夫人は友人及其の夫人を倶ひて、支庁より預り居る客室なる余の室のベランダにて麻雀を博しつ丶あり。余其の非常識を驚くと倶に、此の植民地小吏の生活と余の仕事との間に計り得ざる開きのある事を悟り、断然彼の面目を犠牲にするを憚るに及ばずと云ふ、余自身に対する口実を見出したり。此の時の自分の取った行動は長く自分の良心を苦しめてゐる。然し今からよく考えて見ると佐野氏はそれ程に感じてゐなかったかも知れない。

春日丸は本夕、内地に向け出港せり。

**五月一七日**

朝より颱雨しきりに至る。支庁よりの連絡を待つ間、ベランダよりコロニヤ港内をスケッチす。スコール激しく画板は濡れホワイト等所々まだらとなる。

十時頃、岩切庶務係長代理見へられ、倶に独身宿舎に行きて見る。此処は支庁の裏にて見晴らしも悪く、室も不潔なれど、誠意なき美室に勝る。食卓又素なれどもかへって朴なり。直ちに此処に移る。

されど支庁長御自身は気の毒なる程余の為に配慮下され、余のポナペ一周旅行計画に対しても、最も了解ある解釈を持たれ万事好都合に計らはれたり。氏の如き植民地官吏は稀なり。

**五月一八日**

早朝よりジョカージ半島探訪に向ふ。警務課よりレムエルと云ふ土人巡警を通訳として付ける。

ジョカージは、独逸時代反乱後其の土着民は全部他島に移され、現今はピンゲラップ、モキール、サタワン、モートロック、ルクノール、ター、ナチック等近接離島の土民を移殖せり。さればジョカージ半島は、其れ等離島の民族を探るべき好個の野外博物館たり。同日はピンゲラップ及モキールの部落に行き、モキール部落より土人一名(其の名はアイケム)をやとひて断崖に登る。甚だ嶮阻にして幾度か止まらんとせしも、終に頂上を極む。頂上は思ひの外に広く、稍傾斜せる原の如くにしてパイナップル多く野生す。最高点は最も断崖に近き所にして、此処に立てば海を越へ来る風は断崖に当って常時恐ろしき音を発し、両股戦慄して長く居り難し。この日は此の大岩登りの為めに大部分を費し、日暮れに及びピンゲラップ部落よりアイケムのカヌーに乗りてコロニヤに帰れり。

**五月一九日**

今日はタネルと云ふ巡警を連れてジョカージの内サタワン、ルクノール、モートロック、ター、ナチック等の部落を虱つぶしに探訪し、収穫多く又多数の土俗品を蒐集せり。夕刻モキールよりカヌーに乗り順風に帆を上げて快走して帰る。夕陽ジョカージ断崖の彼方に没し、コロニヤ府なるカトリック教会堂の晩鐘はマングローブ繁れる海面に響けり。此の夕べを長く忘れざるべし。舟上タネルは島に伝はる怪奇なる伝説の数々を話せり。然れども彼等は其の伝説を一つも完全に終りまでは話さず。これ一つの伝説を終りまで語る事はタブーとなり居ればなり。

**五月二〇日**

今日は日曜也。一日休養。スケッチブックは尽きたり。コロニヤ府を探して、太陽商店と云ふ家に、不思議にも二十数枚の全版画用紙を購い得たり。彼の如きは極めて稀也。

**五月二一日**

コロニヤ府の近郊に、離島グリーニッチの島民部落あり。此の日巡警サブィルと云ふ者を倶なひ、此の部落及それに隣接せるヌゴール部落の土俗探訪をなし、収穫多かりき。ヌゴールの土人は只一人ゐるのみ。名をルドルフ(基督教の影響を受け欧羅巴風の洗礼名の者多し)と云ふ。此の者頗る木工に長じ、余の為に数個の什器を作る事を約し呉れたり。

**五月二二日**

再び巡警タネルを連れ、ジョカージなるピンゲラップ、モキール両部落につき詳細なる土俗を探訪し数多の収穫を得、カヌーの模型数個を購入せり(後に他所で得たカヌーに比べてこれは頗る粗悪な細工であった)。又モキールにてジョカージに古く伝説のある幾多の岩石を見物せり(此の話は拙著『ミクロネジヤの風土と民具』の中に詳である)。

**五月二三日**

ギルバートにてランプ虫の為めに受けたる傷は、此れ程に至って漸く癒へたり。此の傷癒へざれば、ポナペ奥地の沼沢地帯はヴァイル氏病原の本場なれば、旅行は甚だ危険なる也。明日より出発と決す。今日は油スケッチ一枚を描き、早く就寝せり。

**五月二四日**

出発に先だち、四谷兄よりの電報パラオより廻送さる。樹下清氏の逝去を報ぜる也。驚愕をくべからず。直に弔電を送る。一〇時頃、人夫ヨセップと云ふ青年に荷を背はせ出発せり。ポナペ西方のパルキールと云ふ荒廃したる高台に登り、叢林の中をスコールに打たれつゝ、行進せり。正午に至り予定宿泊地なるパルキール拓殖地事務所に着きたれど、あまりに荒涼たるに驚き、尚行進してテアンと云ふ所を志

したれど、案内人ヨセップの不注意により道を誤り、島西岸なるウカーレック河床の泥地に逢着し、元に帰らんとして再び迷い、終日パルキールの深沢と叢林の中にさまよう。漸くパルキール事務所に戻り一泊す。余の不興甚だしく、ヨセップ恐縮閉口せり。

**五月二五日**

パルキール出張中の支庁技手古沢氏と云ふ人と倶にテアンに向ふ。テアン岩と云ふ高き兀岩（此の岩にも怪奇伝説がある。詳しくは『ミクロネジヤの風土と民具』を見よ）の下の草地を通過し、古沢氏に別れ再びトーグ、シャタク等呼べる大樹密生せる叢林に入り、其の陰鬱なるに驚く。然かも地勢頗る嶮悪にして幾多の大沢横たわる。これ等の泥沢はルーポワル又はセニャータク等と称し、其の黒きまでによどめる沼の淵にはパンギュームと称する不思議の果物累々と実ると雖も、人家遠き叢林中なれば採る者もなく、下は泥沼なれば容易に採ることも出来ず。この蠱惑的なる南海の妖果は空しく泥沼に落ちて腐り果つるなり。

ポナペの空は只さへ陰鬱なるに、今また此の幽暗なる叢林中に入り、聞こゆる物は只キヌウェット、クイクイ等呼べる怪禽の叫びのみ。叢林をようやく抜け出でたる時は、案内人すら思はずホッとして安堵の色あり。此の林地の奥に、日本人吉村関馬と云ふ人開拓に入り居る由は出発前より判明しゐたれば、此の人を頼みカヌーを借りてトモロロンと云ふに至らんとせるに、生憎留守にて猫一匹おらず、カヌーも無く、頼む木蔭に雨降る心地して更に道を叢林中に求め、終に大なる泥沼の西岸に達す。此の泥沼の険悪なる事は言語にたへたれど、此処は此の泥地を横ぎる以外の道全くなきため一本橋を多数にかけあり。されど文字通りの一本橋にて、それも不断の降雨のため半ば腐れ、蘚苔あつく蓋へり。幸ひに一人の土人の来るに会ひ、これ等土人の助けをかり靴をぬぎ、苦心惨憺此の泥地を渡る。実に中広き沼地なりき。

苦しみの後には喜びあり。沼地の東岸は人煙にわかに開け、椰子林あり。一人の老媼の来るありたれば、乞ふて椰子果を取り、皆々飛びつきて之を飲めり。かくの如き美味なる椰子果を味わへる事は無かりき。此の老媼は名をリ、ヤムと云ひ、親切にも数町先きなる部落に行き、カヌーを捜し来り呉れたれば、これよりは手足を労する事なくして、無事トモロロンなる山木戸音一氏と云ふ日本人の家に着きて一泊せり。

**五月二六日**

朝の内、スケッチ一枚を描き十時出発。陸路オレイと云ふに至る。昨日に変りて道路よく、途中多くのスケッチをなせり。オレイより一隻のカヌーを頼み、正午少し過ぎロンキチなるヘンリー・ナニペイ氏の商会に達し、其の女婿森山氏の歓迎を受け、同夜は在留邦人（と云ひても駐在巡査、公学校教員及森山氏の三名のみ也）総出にて、余の為めに豚を一匹丸ごと石焼にして盛大なる晩餐会を用意されたり。

**五月二七日**

朝、スケッチ一枚を描き、一時半当地巡警及其の妻女にカヌーを漕がせアンペンパーと云ふに至る。本日風静に、海路きわめて快適なりき。アンペンパーより再び陸路をとり、幾多の山越へをなしてオネと云ふ所に着き、相生商事分店足立氏の家に宿る。此処はオネ川と云ふ川あり、景色我秩父の山中に似たり。当地にキチ村村長にて、ナーリクラパラプと云ふ階位をもてるルエランと云ふ老人あり。其の人より話を聴く。頭脳明晰頗る英語を知る。彼田口鼎軒を知り、全員が其の外姪たるを話すや甚だ其の奇なるに驚けり。彼又クバリーを知ると云へり。

**五月二八日**

ルエラン老人と倶にオノンモコットと云ふ部落の島民集会所に至り。建築構造の説明を聞き、又附近に伝説のある遺跡等を見、正午少し過ぎ満潮を待ちカヌーを出し、三時ワッパルと云ふ所に着く。此処には日本人住居せず、前に支庁巡警を勤めおりしアントンと云ふ者の妹メルシナ、此処のペリチンと云ふ者の所に嫁ぎおり。当日は支庁より連絡ありたれば、アントンも来りて余の宿泊に便宜を与へ呉れたり（次頁の図）。

家は深き叢林中、殊にカポック樹の大木数本立ち並びたる所に清浄に立てられ、あたり広く風雅にして、かへって日本人の家のいぶせきに勝れり。只島民の習慣として風呂の設備なきは無理も無し。幸ひ

アントンの妹の家

近くに清流あり、夕刻これに入りて水浴をなしたり。夕食は特に余の為めに米飯を炊かんと云ふを止めて、島民風の物を造ってもらへり。本日の夕食次の如し。

1　鳥の煮たもの　　2　山鳩の焼いたもの

3　焼いたパンの実

4　ケープ、メルケリックと云ふ山の芋をおろして油で揚げたもの

其の内山鳩と山芋は殊に珍味にして、余の口味にかなへり。同夜月明なれど林深くして月光さゝず、深更に至るまで、島民等よりポナペの古伝説を聞く。実に印象深き一夜なりき。

**五月二九日**

朝食はパンの実、山芋の茹でたもの、魚の石焼、鳥のスープ也。昨夕の料理は島民がわざ〳〵日本醤油を用ゐて調味し、その用法を知らぬため驚く程塩からかりければ、よく注意して全くの島民料理としてもらひ、かへって気安く且美味に味うことを得たり。

午前中、近所の女及アントンの妹を各一枚づゝスケッチ板に描き、昼食後タモンに向け出発す。此処は道甚だ良く、且近ければ、一時には早ナーノウエイ島に続く陸橋に達し、二時にはタモンなる桐山校長の宅に到着せり。桐山校長は既に相識なれば大ひに歓待され、同夕海岸を一枚スケッチす。

**五月三〇日**

朝の満潮に乗じて、カヌーにて再びナンマタルに行く。前日は夕景且曇天なりし為め、酷く陰鬱に感じたりしが、今日は稀らしき晴天なれば実に気持よく、思ふ存分にスケッチをなし、昼食後桐山校長を迎へのためカヌーを帰し、余とヨセップは巨石を枕として午睡せり。余は心中夢に神人の現はれん事を希ひしも、当日の午睡は夢を見るには余りに深かりき。

桐山校長来られ、ナンマタルの他の島々を案内されたる有難けれど、校長と倶に新任の某訓導が非常識にも其の妻、子ども、赤ん坊までを小さきカヌーに同乗させて来りしため、カヌーは定員を超過し、喫水深くなり只さへ潮の干満激しきリーフの上の行動を大ひにさまたげられたり。然も其の子どもは何のわきまえもなく、聞きわけなくカヌーの上を歩きまわり、終に海中に転落する等、一刻千金の探訪の時間を浪費した事は遺憾の極みなりき。然れども、かくしてナンマタル数十の城砦島の間をぬけて漕ぎ巡り、対岸なるナニケン家を訪問し、明日来るべき事を約して帰れり。

## 五月三一日

ナニケンを訪問し、色々の話を聞く。彼は八十歳以上の高齢者にてスペイン時代マタラニーム反乱の時代を知る者なれど、頭脳きわめて不明晰、大して価値ある話を聞く事は得ざりき。我よりシャツ、ガラス玉首飾り、小刀等を贈り、彼は椰子製弓、石斧二個を余に贈れり。

午后四時頃よりマタラニームなる南貿拓殖地事務所に行き一泊す。同所主任藤野氏は中々教養ある人物にて、ニューギニア方面にゐたる事もあり。其の豊富なる経験談、冒険談は大ひに余の興味をひきたり。

同夕食に同氏の用意されたる御馳走は、余の南洋旅行中最美の物なるが如し。

## 六月一日

朝、藤野氏案内にて、裏なるトロシューイと云ふ山に登り四方を望む。南貿ランチにてマタラニーム興発に向ふ途中、偶然にも興発ランチの所長小林氏等を乗せて来るに会ふ。直ちに同船しムトコロジ島水道開鑿の起工式に赴き、支庁長始め支庁の人々に会ふ。此の式後土人等盛大なるカマテップを催せり。同夜は全員興発事務所に宿泊され、山鳩のすきやき会食をなす。

六月二日

支庁諸彦は皆帰られ、余は進藤主任に案内され、同地山中なるタカイニンテルと云ふ巨石を見たり。此の石に刀剣人形等不明瞭なる石刻画あり。其の由来は未詳にして、未だ踏査者の発表したる事なき物なり。

午后進藤氏及其の令嬢と倶にタカイエ山の奇巌スケッチに赴き、余のスケッチをなす間彼氏等は海岸にて貝を採集せり。

六月三日

ヨセップはコロニアなる島民運動会に出場したしとて、代理人夫トントリと云ふ物に万事を頼みて行けり。此の者に荷物を背はせてオアと云ふ所に至りしも、此の者ヨセップの如く才覚ならず、余ヨセップの再び帰任せざらん事を憂ふ。オアに新教牧師安積氏あり、同氏方に宿る。氏布教に熱心且私力を以て学校を経営し、又ポナペ旧慣、地誌等に興味を有し『南洋の風土』(春陽堂、大正五年)と云ふ一書を秘蔵す。余其の甚資料に富めるを見、旅行中借用せん事を乞ふ。氏難色ありたるも結局枉げて貸与せられたり。氏の厚意謝するに余りあり(此の書は此の旅行が終るまで余に色々の手引きを与えて呉れ、それを東京まで持ち帰へって参考にしてゐたが、結局他人の所有物なので返さぬわけには行かなかった。後長く此の書を手に入れる事を得なかったが、終に神田一誠堂で一書を発見したのみ。其の後余は此の本を古書店で見た事がない）。同夜ヨセップは帰任せり。

**六月四日**

午后よりウー部落に至り、公学長宅にて夕食。宿泊は南貿分店にす。同夜、ポナペにても稀らしき程の大豪雨ありたり。

**六月五日**

島民集会所に今年初めてパン果を採集し、それを餅に搗くリーと称ばる、儀式あり。見学し且スケッチ等す。祭りにさきだってシャカオと云ふ麻酔飲料をつくり、余もこれを試みたれど、頗る泥臭く且刺激性の味あり、美味にあらず。且其の麻酔は憂鬱に不愉快になる物也。

ウーよりカヌーにて帆走、コロニヤに帰る。同日、郵船近江丸及軍艦厳島入港。東京よりの信書並びに文房堂発送の顔料を入手せり。

**六月六日**

休養。午后近江丸に行く。港に至りたる時、同船ランチの上より手をあげて合図する船員あり。よく見れば横浜より乗船せる筑後丸の事務長光武氏にて、氏は今回近江丸に転任せる也。遠き異郷にあって相識の人に遇へるは喜ばしきもの也。

**六月七日**

ウー村のアワクと云ふ所へ行く予定なりしも雨天の為め中止。支庁所蔵の土俗品をスケッチせり。

**六月八日**

腸を害す。

**六月九日**

腸まだ回復せざれども、ヨセップ迎へに来りたれば、アワクに行きコセイと云ふ者を訪ね、ポナペの旧俗につき探訪。多少の土俗品及コセイが漁獲し来れるカメークと云ふ青碧怪奇なる大魚をもらって帰る。この魚は肉白く刺身として喰へば中々の美味なる由なるも、気味悪ければ田中支庁長に贈物とせり（後日支庁長に会った時、魚の礼を云われたが、今考えると支庁長果たして此の魚を喰ったかどうかは疑問である）。

**六月一〇日**

コロニヤにてスケッチ二枚を描く。腸回復せず元気なし。『週刊朝日』に余のスケッチ載りおる事を知れり。

**六月一一日**

今日ヨセップ、ランガル島に余を案内する約束なりしき、彼は昨日余の与えたる俸給にて酒を買い、其の友と乱酔して官憲に捕われたりと云ひて、彼の弟代理に来りてランガル島に案内せり。蓋し此の島はヨセップの郷土なり。ヨセップの兄、妹等に会ひ、スケッチ三枚をなし土俗品多少を入手して帰れり。

**六月一二日**

腹漸く治る。一人にてジョカージに赴きスケッチ三枚描く。

**六月一三日**

午前、午后コロニヤ公園にてマンゴーの並木を六号にスケッチす。会心の出来なり。元気全く回復す。

**六月一四日**

六号一枚を描く。出来佳。

**六月一五日**

田中支庁長より多くの土俗品を贈らる。其の内支庁保存の土俗品中より一品だけ選ぶ様前に云はれし時、全くためらう事なくモートロックの大木偶を選びしところ、田中氏その人形はちと困ると難色ありしが、今日送り来りしを見るに其の人形あり。余満足甚し。とにかく此の支庁長は群島支庁長中の白眉なり。蒐集の土俗品莫大にして荷造りは中々の仕事なり。支庁長の配慮にて大工一人か丶りきりなり。感謝の至りなり。

**六月一六日**

大工とともに全く一日荷造りに費す。夕までに漸く終る。総量一噸に近し。午后近江丸入港。夜は支庁長御自宅にて送別の宴をはらる。

**六月一七日**

近江丸に乗船、午后五時出帆、同夜、余甚精神を過労し、少しく神経衰弱気味にて眠る能はず。

**六月一八日**

トラックに向け航海中、疲労少しく回復し、午后よく午睡せり。同夜、甚暑し。

明早朝トラックに着くべし。此処に滞在約一箇月。幸ひに南貿第六平栄丸の北西離島、シュク、ボロアット、タマタマ、ボーラップ、ノムイン、オロールを巡るべき時に際する千載の好機なれば、勇を鼓して此の蛮地に入らんとす。更に春日丸にて七月二三日パラオに至り、ヤップを経、サイパンにて展覧会をなして帰京は、多分九月二四日横浜着の横浜丸とならん。

今既に一〇時半也、これより眠らん。

六月一八日夜

# 第一九便　トラックにて

## 六月一九日

未明、トラック環礁外に達したるも入港せず、天明を待って午前七時入港。山口支庁長、木島庶務係長等乗船され直ちに上陸。支庁クラブに宿泊する筈なりしも、本日軍艦八重山入港の筈にて、クラブは将校集会所に宛てらるゝため、トラック旅館と云ふところに仮に入る。離島巡りは、往航の折聞きたるにては六月二五日出港の予定なりしが、今聞けば、其の航路線第六平栄丸は未だ横浜より帰着せず、北西離島巡りは八月とならんと云ふ。余甚だ失望せり。然れども又別の小汽艇ありて、東南離島なるローソップ、モートロック、ルクノールには来る七月七日出帆、一四日帰着の便あり。先ずこれにて心をなぐさめんかの考へにて、午后は夏島なる民家を所々調査せり。

## 六月二〇日

朝、もう一度考へ直すに、只東南離島見物(其は北西離島に比して甚興味うすきものなる也)のみにて一箇月を費すは甚退屈なること也。且既に其の離島の風俗は、ポナペ在住の者によって稍得る所あり、旅行全体の効果の為には一箇所を偏重することの必ずしも利益ならざるを思ひ、且パラオ離島船の期日との関係もあり、もう一度深甚の調査を進めんと欲し、支庁に行きてパラオ及ヤップの離島船の期日を調べたる所、パラオ離島巡りは七月一〇日出港にて、トラックより春日丸の帰航到着は七月二三日也。然れども、今サイパン経由にて六月二四日の春日丸に連絡し、六月末パラオに到着せば之に乗船することを得る也。北西離島巡りの既に画餅となれる今日、今トラック及モートロックに恋々として此の大機会を失ふは甚だ惜しむべきもの也。且東カロリンは既に大体調査し尽したれば、此に断然意を決し、既に春日丸にて払ひ込めるトラック、パラオ間の航路を変更して、サイパン経由パラオ行の切符を発行されん事を郵船代理店に求めたる所、快諾されたるを以て（但し運賃差引二一円の損となる）、終に急遽、サイパンに向け再び近江丸に乗る事とせり。此の間の機微はあらゆる条件より割引し、最高最適の行動を極く短時間に決定することとなれば、其の神経を費したる事非常にして、しかも今夕五時までの間に一度陸揚げせる荷物を再び近江丸に積み込める也。流石の余も白髪一度に増すの思ひをなせり。然れどもも無事三時には荷の発送を終り、ランチに乗り近江丸の客となり。其の間支庁の方々に無理を云ひて、モートロック及トラックの土俗品数点を入手するを得たり。然も幸ひなるかな当地南貿支店長わざ〳〵本船に余を訪ねられ、最も貴重なる赤色貝を以て造れる頭飾りを贈られたり。氏の厚意は実に深く感謝し居る次第也。

午后五時近江丸出帆。支庁長以下本船見送らる。

嗚呼、四月此の方暑熱と闘ひつゝ親しみ且苦しめる東カロリンの山に、今日ぞ愈々別れを告げ行く也。余何ぞ一片の感慨無しとせんや。日暮るゝに至るまで環礁の奥島山のうすれ行くを眺めて立ち尽したり。

夜は全く疲れ、殆ど失神状態に入りて眠る。幸ひに、航路北西に変はりたれば、風を右舷に受け、昨日に変はり涼しき事限りなし。

**六月二一日**

天よく晴れ航海心持よし。ポナペ出港以来余を深き憂鬱に陥れたる旅程の問題は、トラック出港によって全く払ひ落され、今は又新しき元気と希望に輝き、未知の国西カロリンに向ひつゝある也。トラックにてとれる余の決断こそ、此の旅行を生彩あるものとするか否かの危機なりしにあらざるや。すべて人生には一つの汐時あり、賢者はよく之を捉へ愚者は之を失ふ。しかも愚者と雖も知らずして失ふにあらず、最も危機に立てる時の認識の不足と努力の欠乏によりて之を失ふ也。一度汐を捉へんか、その後は只よく舟を覆さゞらん事を努むるのみにて、左までの努力は不要なる也。心すべき事なる也。

此の日旧き思ひを一掃するために散髪せり。

近江丸発表左の如し。

北緯　九度五八分　　東経　一五〇度〇一分

航走浬程

自　トラック　二〇〇浬　　至　サイパン　四一五浬

天気　晴　　風　東　　気圧　七五八・二ミリ　　気温　大気二九度　海水二八度

**六月二二日**

昨夜はや丶むし暑かりしが今朝は雨なり。小笠原附近は或は荒れ居やと存候。明二三日は朝サイパン着。二四日春日丸横浜より臨時寄港、同日出港なれば相当忙しく、其の間には文通も出来得ざるべし。此の手紙は近江丸にて六月末日ごろ御許に到着すべく、其の頃余は早パラオに居るべし。とにかく今までの間に多少の困難は之ありしも、現在の余は甚幸福に且、元気也。ポナペ出港前より稍不良なりし腸の具合も、船中にて全く健になりたれば安心被下度候。

パラオ方面は東巡りヤルート方面より船便も多く候、ま丶今までより度々の音信をなすを得べし。早旅行の半ばを了り、最も困難なる箇所を済ませたる事なれば、心を丈夫にして余の帰京を待たるべく候。

六月二二日朝

近江丸船中

六月二四日以後予定

六月二四日　サイパン発（春日丸）

ロタ島寄港

七月初め　パラオ着

七月一〇日　パラオ発（南貿離島巡り船）
　一二日　ソンソル島
　一三日　プール島
　同日　メリー島
　一四日　ヘレン礁
　一五日　トコベイ島
　二〇日　パラオ帰着
八月九日　パラオ発（山城丸）
同一一日　ヤップ着
同一六日　ヤップ発（筑後丸）
同一八日　サイパン着、下船、それより最新日程にあるサイパン線船便にて帰京す。

# 第二〇便　サイパン再訪―ロタ

先便近江丸に託せる信書並びに土俗品数箱落手の事と存候。

昨六月二三日未明サイパン港外着、六時半入港。久方ぶりにて接せるサイパンの風光は懐かしきものあり之候。支庁山本庶務係長、八木嘱託等御出迎へ下され、荷物其の他の世話下さる。流石南洋の関門にある役人だけに仕事にそつなく、万事キビ〳〵せるに、漸くポナペ以来の腹の虫収まる。直ちに上陸興発クラブに入る。クラブの番人夫妻久方ぶりにて親切に迎へらる。サイパンは余にとりて心地よき所也。郵船其の他用務一切をなし、午前一〇時支庁自動車にて山本庶務係長同乗しチャランカノア興発に至る。村田常務、藤田所長、青木庶務係長、信安氏（余を方々案内して呉れたる人）、皆々大ひに歓迎さる。例の二五号の額縁は既に届き、余の作品は二つとも社長室にかけられ居候。

青木係長より写真を届けらる。懐かしく嬉しく見入り候。チョコチャンは何如に可愛くなりしや。一目見たき心持致候。其許の心尽うれしく感入り候。

午前ガラパンに帰り、ポンタムチョに学校を訪ひ、松尾氏（美校卒）を問ひしところ、氏は最近「のど」を傷められ、未だ心持捗々しからずとの事にて、顔色も勝れず候は気の毒のことに候き。

クラブに帰り午睡。山本庶務係長に御無理をお願し、椰子玉三〇個ばかりを四谷に送り候。四谷より其許方にも届くべく、之を切るは女手にては中々難しければ図中点線の所をノコギリにて切り飲むべし。

中の白き実は美味なれどチョコチャンにはやらぬ方よし。水は飲ませてもよし。飲みかけて水を取りおき、明日飲むは宜しからず。

同日筑後丸も入港す。午后市中に行き、石器及木器少しを買ひたり。夜テニアンの峯岸氏、帰省の為め来島さる。

**六月二四日**

未明、春日丸入港。余等九時半乗船、同一〇時半出帆。山本庶務係長等送らる。春日丸は船長、事務長以下皆旧知の人なれば快く迎へらる。春日丸はボーイ等も非常に人気よき船なれば、起居最も愉快也。況や甚だ美麗なる船也。且食事も宜しければ、旅行は再び愉快極る物となれり。トラックに止まらざりしは幸ひなりしかな！

船は懐かしきテニアン島の西沖を通過し、南へ〳〵と走り、余の午睡より覚めたる時（三時半頃）は早くもロタ島の沖に来り候。午后五時ロタ入港。

大波ロタ製糖所主任等も同船にて候が、本日夜出港との事なれば上陸せず。船上よりスケッチ一枚を描き候。ロタは中々景色よき所らしく候（次頁の図）。

前便の用事よく心して当られたく、チョコチャンの養育今しばらくの事なれば呉れ〳〵も大任全ふされたく候。

前便に云ふは忘れたるかと思へど、写真機はどうにもならなく壊れたれば荷物の中に入れて返送致候。

六月二四日夜　　ロタ島にて

## 第二一便　ロタ―パラオ

**六月二四日**

月明也。夜一〇時を過ぎてロタを出港せり。春日丸は余にとりて愉快なる船なり。余の室は左舷一八番也。今宵は、本船は臨時寄港の常時を取り返さんと一三浬の全速力を出して南西に航走す。今宵時計を四〇分遅らすす。東航の折は日々時計を進ませたりしが、今回は西航なれば遅らす也。今の時計は東京標準にほゞ同じ。

**六月二五日**

海、甚穏かなれど天候悪しく、スコールはたへず本船を襲ひつゝあり。今日終日海のみを目し暮らす。

春日丸正午の発表左の如し。

北緯　一二度三二分　　東経　一四二度三四分

航走浬程

自　ロタ　一七九浬　　至　パラオ　五八一浬

天気　驟雨　　風　東　　気圧七五八ミリ　　気温　大気二九度　海水二九度

今宵時計を一八分退針す。

東カロリンにての旅に疲労せる身体は、船上の休養にて頗る元気となり、血色も見ちがへる程となれり。

## 六月二六日

眠ると読書すると、物を喰ふのみ也。正午以前、左舷近くヤップ島を見て航走す。島の東岸に昨年六月頃座礁せる静岡丸也。郵船南洋航路の優秀船にして、六、〇〇〇噸程あり。其の船長は非常なる才子なりし由なるが、当時殆ど自殺せんとし後免職、且当局より免状を剥奪され、今は関東洲海事係に在り。一船を預る船長、無事太平の時は宜しけれど一朝事あれば責任の重大なる事かくの如し。静岡丸の如きは人畜に被害なく、会社は保険金を得たるも尚此の如し。人生にては取り返しと云ふことはかなはざるなり。日々の小事にても又然り。よく旧日余が御身に語れるを記憶せらるべし。我等の日常は荒天に船をやる船員等と等しくありたきものに候。我春日丸の事務長は当時静岡丸の事務長なりし人なれば、其の遭難談等も宛も眼に見る如く聞くを得たり。

其の静岡丸が未だに小さく潮にさらされつゝあるを見、其の解体作業に来りし船の在りをも望見し得たり。我春日丸の事務長は、望遠鏡を取りて眼もはなさず此れを見入りたり。

春日丸正午の発表左の如し。

北緯　九度四六分　東経　一三八度〇七分
航走浬程（昨日正午より）三一〇浬
自　ロタ　四八九浬　至　パラオ　二七一浬
天気　曇天　風　東　気圧七五七・四ミリ　気温　大気三〇度　海水二九度

明日午前九時パラオ入港予定。今晩時計を一二分退針致シマス。

午后デッキゴルフ等す。

今宵、夕食にパラオ安着の意味にて頭付赤飯の饗応あり、これぞ旅行中余が第一の危難に遭ふ原因とは神ならぬ身の知る由之無かりしに候。

同夜、夕食後サイパンより乗れる茨木氏（此の人はクサイに行く）と云ふ人と甲板にてビールを飲みしが、九時過ぎて余便意あり、直ちに便所に入りしが、其の時は大したこともなく入浴後就寝せり。夜半に至り、腹痛激しく、吐瀉相次ぎ、身体見る〳〵うちにやせる心地し、此のまゝ死するにあらずやと思はれし候。漸く司厨長を起し、ドクトルに来てもらひ、投薬されたるは午前二時頃なり。其の後も痛み去らず、終夜殆ど苦しめり。嗚呼、旅に病むは淋し、況や赤道に近き此の大海、一片の孤舟の上をや。船床呻吟し、苦睡、惨夢、通ふは御身、チョコチャンや東京に在る人々の事のみ也。暁に至り痛み稍うすらぎしも、身体綿の如く疲れ、四肢だるき事耐へがたし。夢中の内船は早くもパラオに着けり。古川財務課長等わざ〳〵来船されたるも到底上陸すること能わず、古川氏等明日長官と東に行かるゝなれば忙しく、同課の長谷川氏と云ふ人に万事を託して上陸さる。

**六月二八日**

腹痛去り、下痢も止りしも衰弱激しく、終日殆ど眠れり。朝及昼少しの流動食を摂り、夜に至って少しのパンを摂りたり。

**六月二九日**

元気少しく回復し、パン等をも稍多く食したり。午后検便の結果、全然伝染病にても十二指腸虫等にても無き事判明したれば直ちに退院し、古川財務課長の官舎に引き取りたり。同夜は既に元気大分回復し、来客と話等せり。

**六月三〇日**

元気大分回復せるも、気候悪しき土地なれば充分静養せざるべからず。余此の所全然仕事其の他全てを放棄し、健康の回復に努力する事に決心せり。

今此の手紙を書き了へたる所に、パラオ支庁より五月一七日付其許の信書伝送され候。読むにつけ留守中其許の辛労心より感謝致候。自動車ボーリングの件は既に前便にも申しある程なれば、いづれ早晩のこと、存じ居候故、かへって其許の英断にて無事に済みたるは大功績と申すべく、又向原の方はチト腑に落ちぬ点あるも、結局前々と同じきことなれば差し支へなく、かへって一部責任を逃れて佳なるべきか。とにかく此の二件小生の留守中にての難件なるべく、其許の活躍大ひに称賛すべし。山脇よりの電報はポナペにて見たり。又島野及小菅の件は少しも知らず、当方より宜しく申し置くべし。額縁はサイパンにて既に見たり。又色紙も入手せり。皆々結構也。此の所は拙者病気等になりて、かへりて不出来の気也。

然れども、既に元気も七分通り回復したれば、再び捲土重来の勢を示すべし。何しろ余す所はソンソル、トコベイの離島及ヤップのみ也。やがて収穫を満載して帰京するを待たるべく、其の時は長き労苦も一度に報はるべく候。

此の後は拙者もよく〳〵起居慎み、再び健康を損ふが如き事はなかるべく、写真は座右におきて毎日見居候。皆々様に宜しく、又高野さんによく〳〵お頼み大事なき様なさるべく候。

チョコチャンの腹をくれぐ〴〵も大事になされたく候。

六月三〇日　　　　　パラオ、コロール財務課長官舎

## 第二二便　パラオ・コロールにて

### 六月三〇日

夕刻より神気稍爽快になりたれば、官舎を出て市中を歩き見、又夜に入り長谷川氏に案内されて、市の東端なるアバイ（島民集会所）を見たり。此のアバイこそ其の昔、英船アンテロープ号遭難当時、船長の弟某の初めて一夜を明かしたりと云ふ、世界航泊史上有名の物にて、我叔父田口卯吉の宿りしも又此れ也。東カロリンの集会所と異なり、実に美しき彫刻を以て装飾されあり。其の構造は更に変らざれど、其の周囲は今やブリキ屋根の日本人バラックを以て満たされたり。我夢の南洋は破れたり。此の思ひは翌日昼間、海岸なるボートハウスを見るに及びて、更に大ひなるものありき。此のボートハウスは『南島巡航記』中にも図あり、入口の左右に人形の柱を立てたる（図）、実に優雅なるものなるが、今やアイバドル王華なりし当時の俤更になく、其のボートハウスの中には、貧弱なる洋風ボートまで同居し、其の隣りにはブリキ屋根の仮小屋建てて、日本人がカツオ船を造りつゝある有様なり。時勢の移り変はるは何処も止むを得ざる世の中なれど、此の夢の国、パラオの荒廃は何とかくも儚きや。余パラオの為めに悲しみ、腐れ果て行く此の原始美術のために涙を流せり。嗚呼、世界的に貴重なる

此れ等の資料をかくも荒廃させたるは、果して何人の罪なるや。

**七月一日**

今日は、我日本南洋施政一六周年記念日也。朝より南洋庁に祝賀の式あり。余も又招待を受けたれば、一一時頃より海上に望めり。一一時少し過ぎより、余興場にて余興数番あり。終りて正午頃より園遊会の模擬店開かれたれど、余腹を損ぜん事を怖れ只ウドン一杯を喰へり。午后前記の如く長谷川氏に倶はれて、アバイ、ボートハウス等を見物せり。

昨夜市中にてパラオ木皿二〇枚、土製ランプ及ヤシガラ製首飾り等を買ひしが、今日又別の家にて、図らずもニューギニヤの弓及矢及槍等数十本を、比較的安価に買ふことを得たり。

**七月二日**

午前中、南洋庁に至り、児玉書記官(長官は東方巡視中)、庶務課長、警務課長、パラオ支庁長等に挨拶せり。又金井学務係主任に面会し、種々指導さる所あり。本庁文庫よりクレーマー教授の著書(パラオの民族に関する)二冊を貸与せられたり。

午后、海岸なる舟庫を鉛筆にて大きくスケッチ三枚程す。尚部分的スケッチを多くなしたけれど、雨降り出し且夕方になりたれば止めて帰れり。今日夕飯より全くの平常食を摂れり。今日は一日曇り甚涼しく候。

**七月三日**

午前中、南洋庁陳列館に行きて見たり。南洋諸島の産物及土俗品を陳列す。土俗品は比較的貧弱にて余の期待に背けりと雖も尚、甚多くの物あり。トラック等にて写生し得ざりし物及装身具等の貴重品は、余にとりて有難きものなり。数点をスケッチし正午帰る。午后又昨日の舟庫に行き、其の四周になる人形の柱をスケッチせり。此の彫刻は中々に面白きものにて原始的の風貌あり。陳列館と云ひ、アバイ及舟庫と云ひ、コロールだけにて既にかくの如き多くの資料あり。実にパラオは資料富裕の所なり。余の仕事それに従って甚忙しと云ふべし。尚本島及アンガウル又ソンソル、トコベイ等に至らば其の材料や知るべからず。身体既に甚壮健になり、朝より夕方まで仕事をなすもあまり疲れず、本島はポナペに比べ少しく暑けれど雨は稍少なし。

**七月四日**

南洋庁に頼み陳列館の品物を戸棚より出し、手に取りて写生する便宜を与へられたれば、今日より当方午前中、此れ等の土俗品を稍詳細にスケッチすること丶せり。此れ等のスケッチは此の旅行の特筆大書すべき収穫となるべし。再び得がたき機会なれば、装身具の類等着色にてよくスケッチせり。尚諸島の武器相当あり。此の陳列館のみの仕事にても中々のことなり。大ひに光陰を惜しまずはあるべからず。午后はコロール大通りの方のアバイ（最も有名なるアバイ）をスケッチし、其の部分装飾等もスケッチす。かく仕事にかゝり見れば、此のアバイ一個にても本当に研究せば優に一年の日子を要すべし。実にパラオは素晴らしき芸術の島なり。アバイの柱、欄干、破風等に一面に彫刻されたる文様は実に奇想天外にて、何処の国民にもなき種類のものなり。此れ等は余に良きヒントを与ふべしと信ず。

**七月五日**

今日も午前陳列館、午后アバイにて仕事をせり。今日はアバイの部分的装飾を多くスケッチせり。夕方より豪雨ありたれど、アバイの中にて仕事せり。帰りパイナップルを買ひたり。此処はパイナップル非常に豊富にて一個五銭位、其の味は最も甘し。

今夕東京における政変のこと少しく聞けり。

**七月六日**

朝、アバイの文様拓本をとるために、頼みおきしボーイ来れり。コボルトンと云ふ名なり。倶にアバイに行きて仕事にかゝりしが、此の者は土人に似合はず理解力あり、手も器用にて大ひに役にたち、仕事大ひに進行せり。

午后も引き続き仕事し、夕方までに上級アバイ（アバイには沢山の階級アリ）の梁の浮彫全部をとることを得たり。東京より持ち来りしウスミノ、殆ど半分を費したるに尚此のアバイにはとるべき彫刻多く、他にコロールのみにもアバイ数箇所あり。殊に後に本島に行くつもりなれば、紙は到底不足すべし。本島数件の店舗につきて探したれど、もとより望むべくもあらず、止む得ず只のウスミノ一〇〇枚を買ふ。夕方長谷川氏に話せしに、役所にかゝる紙あれば一時借用の名にて、何とか用立つべしと申されたり。有難く嬉べり。此の拓本は実に素晴らしき資料となるべし。

**七月七日**

今日も朝よりアバイの拓本をとれり。夕方までに上級アバイは殆ど完成し、残る所は外面の破風のみとなれり。明日は梯子を持ち来りて、此処をとる計画也。来る一一日頃、練習艦隊入港する由にて、歓迎のため多くの島民此のアバイに集りて踊りを練習しつゝあり。

今日南貿に至り、トコベイ島行きの船を問ひ合せたるに、来る九日午前出帆の由にて、往復約一〇日の航走也。舟は国光丸と云ふ二〇〇噸程の新造船也。此の手紙は七日午后五時半入港し、メナード、ダバオを巡りて復航する横浜丸に託して送るべし。余のトコベイより帰るは七月二〇日頃也。余の身体は最早全く健全なれば安心すべし。

**七月八日**

今日は非常によき天気也。之より又少しくアバイの拓本をとり、今日出立の準備をすべし。旅程も追々残日少なければ益々精神を緊張し、完成帰京の日を楽しまれたく候。在京の方々に宜しく。

四谷兄、内閣書記官長に登用されたる由、其許よりも宜しく御祝ひ申され度候。

七月八日朝　　　　パラオ、古川方

# 第二三便　パラオ南方離島より帰りて

其の後、東京は変りなきや。余はすこぶる元気也。去る七月九日国光丸にて南方離島、ソンソル、トコベイ等を巡航し、無事一八日朝パラオに帰着せり。其の後山城丸復航まで当島にゐる予定なりしも、山城丸の日程約一週間遅れしため、次航筑後丸との間に日無くためにヤップの日程を取り得ず。予定を変へ、来る二六日当地出航の国光丸に便乗し、ヌグール島を経てヤップに至り、山城丸を待ってサイパンに至るべし。明二一日よりパラオ本島を旅行すべく、当地蒐集の土俗品一一包みを春日丸(二三日入港予定)に積み込むための荷造りと、明日出発の準備とに忙殺され詳細の手紙を書くの時なし。次便ヤップより一まとめとして送るべし。

春日丸に託せる荷物は此の手紙と倶に八月一日か二日頃東京に達すべし。今回はパラオ及離島の木皿甚多く、其の他の土俗品も極めて多きも、未だ消毒しあらざればなるべくさわらざるを可とす。其のまゝ雨のかゝらざる所に積み置くべし。尤も黒き奇妙なる箱の中なるは人形なれば出して見るべし。之はトコベイと云ふ島の土人の作れる世界的に有名なる木偶也。

八月自動車の検査あり。宜しく頼む。

チョコチャンの身体暑き時なれば一層気をつけらるべし。寝冷へは最も怖るべし。

チョコチャン見たし。

皆様に宜しく。

七月二〇日深更

## 第二四便　パラオ南方離島、本島にて

**七月九日**

今日は愈々本旅行中にての大プログラムたる南方離島に出発する日也。朝四谷に電報を打ち、又手紙等出し、上船したるは九時過ぎ也。船は南貿の国光丸と云ふ二〇〇噸位の輔助機関付きの帆船なれど、今回新造し東京より初めて回航し来りたることと、甚綺麗也、且船室等もあり。今回は処女航海也、且久しく南方離島は航海絶へゐたることと、船客は多く、藤井院長（秀旭）、田山理学博士（東北帝大）、大島巡査、最上商会店員某氏、当地カトリック教会宣教師（スペイン人）、明治大学生佐原氏、及余等にて、他に巡警其の他島民数十名、デッキパセンヂャーとして乗船し、満船の形也。乗船に際し南貿支店長鹿谷氏、最上商会主最上氏等来船され余に挨拶されたり。最上氏はソンソル及メリー等に鰹節製造をされ居る人也。

一〇時出帆の予定なりしも、錨の機械に故障を生じ、出帆したるは正午に近く候き。此の船は蒸気機関ではなくガソリンエンジンなれば、其の響き大にして甚不愉快なり。且午后アンガウル島附近に至るや、大したる波もなきに動揺激しく、流石の余も閉口せり。船客皆愉快なる顔つきしたる者は一人もなく、ヤルートに長く在勤せる大島巡査さへ昼食を半途に止めたる程なりき。午后三時ペリリュー島沖、四時アンガウル島沖を過ぎ、五時にはパラオ南方の諸島も早視界を去り、船は木の葉の如く南太平洋の

波上をもまれ行き、到底座居に絶へず早く就眠せり。余は船長の室に眠りたれど、終夜エンジンの響きと船の動揺にて、地震と心臓病の夢に驚かされ、南方離島探検最初の一夜は思ふも苦しき夜なりき。

**七月一〇日**

六時には早起床せり。六時半早くも右舷はるかにソンソル島を望見せり。此の船は小さきに似ず早き船にて、一時約一〇浬近く出すことあり。ために予定より早くソンソルに近づける也。

幸ひに今朝に至り海面甚穏かなれば、船は見る〳〵ソンソル島に近づけり。ソンソルは周回一里位の小島にて、西方に更に小さきバンチ島と云ふ無人島あり。珊瑚島なれど環礁をなさゞれば、船は島の沖に仮泊し、ボートを下して激浪中を上陸し、陸岸に達する時は島民に背負はれて上陸す。船は投錨すること能はず、用事を終れば直ちに陸を離れ海上はるかに游航す。聞きしに勝る不便の所也。島上不毛地多く雑木多くして、椰子林は部落附近のみ也。島民は一五〇名程あり。椰子葺きの粗末なる小屋に起居し、椰子、イモ等を常食として辛くも生活す。此の島の住民は嘗ては裏南洋第一の慓悍なる民なりしも、今は全く昔日の気力を失し、只物凄き文身に往事を語るのみ也。此処に最上店員佐藤氏等数人の日本人在りて、鰹節製造を営めり。

上陸後直ちに土俗調査並びに蒐集にかゝる。文化の開けざる所なれば、固有の土俗品は甚多く、余は思はず非常に沢山の蒐集をなし得たり。木皿等は到る所にあり。又嘗てパラオの陳列館にて垂涎したるが如き首飾り、ベッコウの腕輪、装飾品又は釣針等甚多く且安価に入手せり。佐原氏も又色々の物を蒐集せり。

昼食にレモン酒と云ふもの飲みたり。午后余はスケッチにかゝり、又藤井院長が島民を診療する傍らにて、其の文身をスケッチせり。夕食は佐藤方にて饗応され夕六時半乗船す。此処と次島プール島との間は僅々四時間の航程なれば、今より行く時は夜半となり。プール島又船つき甚悪き珊瑚島なれば、夜十二時頃まで当島沖合に游航し居りて、プール島に未明に着く様に出航す。思ひの外に不便也。今宵余コーヒーを呑みしため眠りつかれず、十二時過ぎまで暑き床中に転ゝし居りたり。

**七月一一日**

未明五時、早くもプール島を望見したれども、上陸に都合悪ければ船は島を巡りつゝ釣漁す。

七時半頃上陸。此処もボートにて激浪中を上陸する也。其の勇壮なるは其許に見せたき様也。此の島の荒れ果てたる事は、事の外にて全島只雑木と蚊の巣窟也。住民は僅かに二一名に過ぎず、男子も又髪を結び首飾りを着く。島民煙草を欲し、バット一個を与へれば何物にても交易す。余は木皿、機織具其の他数品を交易したれど、何分にも蚊多く少し身体を動さゞるか忽ち全身黒山の如くなる。スケッチ等は思もよらず。皆怖気ずいて午前九時に乗船直ちに出帆せり。出帆後余は午睡せり。

正午メリー島望見、一時には上陸す。船つき悪き事又同じく、殊に此の時は干潮時なりしため、上陸者は長距離珊瑚礁の上を歩行し、非常の困難をせり。此の島は蚊は少なけれど荒れたることプール島に異ならず。住民僅か二五名。正覚坊の名産地にして、全島住民の捕食したる正覚坊の骨と甲羅にて埋れり。椰子少なく雑木多し。日本人緑清磨と云ふ人、最上出張員として只一人住めり。余甚其の勇敢なるに驚けり。

住民甚淳朴にして大兵、性又快活也。スケッチ及土俗品の蒐集をなす。木彫の箱、骨製針、貝製匙、甲製釣針等、珍品を多く得たり。此の島は甚健康なる所にて、藤井院長は一人の病人をも発見せざりき。午后五時満潮を待ちて乗船、直ちに出帆。南西トコベイ島に向へり(一一〇浬)。

今宵は波比較的静かなりき。

**七月一二日**

天気は今日も良し。比較的早起きしたれど、余の起き出でたる時は、早トコベイは視界に入り居れり。朝食後直ちに上陸、此の島の船つき悪しき事は他島と同じく、上陸は大ひに困難を倶へり。此の島に古く居り、コプラの仲買をなしおる人に吉野勝太郎氏、及鰹節製造に従事せる人に大場喜代蔵氏あり、倶に奇骨あり、よく外来者を優待さる。余等は吉野氏宅に宿泊すること丶なれり。在留邦人、吉野夫妻、大場夫妻及愛兒、燐鉱関係にて滞在中の森六郎、川村弁之助両氏にて全部七名也。島民一九四名、此の島の島民はメリー島と異なり、体躯矮小、性格卑屈、寡黙にして笑はず、礼を不倣、恩を不知、又勤勉を愛せず、実に組すべからざる蛮民也。往時は床なき矮屋に住したるが、吉野氏が模範家屋を建て島民に示してより、追々に島民も之を真似、今は木造、椰子葉葺き、床つきの家屋多く、中にはトタン葺きの家屋さへあり。吉野氏の建てたる最初の家は、今も部落の一端に現存せり。食物はタロ芋、パンの実(少し)椰子及魚類にして、メリー島の如く亀類は少なきが如し(此の記載、手紙にしては稍細し過ぎるきらひあれど、余も備忘のため記し置くものなれば其のつもりにて読まるべし)。衣は今は男女倶に文明人のものを使用すれど、男には裸体の者多く、足は例外なく裸足也。男女倶に文身は尚甚盛也。余は其の数人の者をスケッチせり。此の島に世界的に有名なる木偶あり、即ちトコベイ人形也。人形は前便を以て送りたれば、今此処に云ふを要せざるべし(人形は有名なれど島民全部が作り得るにあらず、僅かに数名の老人が之を作り、又作ること稀なれば其の数も少なし。余は幸ひにして甚大なるものを求め得たり)。其の他木製什器、及在来の土人器具甚多く、余は上陸第一日は殆ど其の蒐集に没頭せり。べッコウの釣針も非常に多くの種類を蒐集するを得たり。島の風景はヤルート等の珊瑚礁島に類す。椰子又甚豊富也。鉛筆スケッチは多くしたれども油は一枚も描かず。夜は大ひに賑ひたり。吉野氏より島の話を色々と聞きたり。

**七月一三日**

今日も又天気よし。藤井ドクターが島民を診察する傍にて、島民を多くスケッチす。午后は多く文身をスケッチせり。此の島にて得たる珍品は上げて数ふべからず。帰京後、実物につきて語るを楽しみゐるべし。

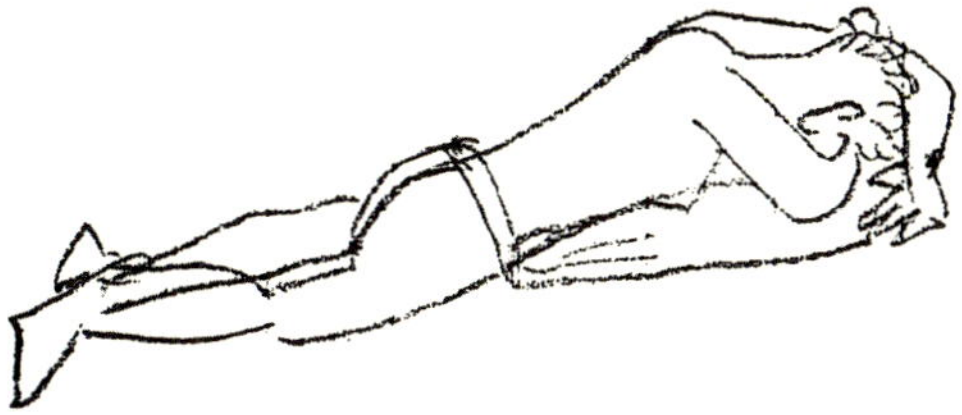

流木を枕として寝る人

**七月一四日**

朝、国光丸岸近く来り。皆々上船を急ぐ。吉野氏、大場氏より人形数個づゝを贈られたり。

九時半出帆。東方ヘレンに向ふ。正午過ぎヘレン礁を望見し、一時二〇分西方水道口に達す。此の礁は直径二、三〇浬もあれど、皆水面下の珊瑚礁にして樹木の生じ得るは僅かに北東の一角、周廻四、五丁の小島あるに過ぎず。然れども干潮時には環礁中の砂洲多く、水面上に出現し、海上に長く細き砂浜を現出す。巨大なる流木、中には数浬距れて船上より望見し得る如きものあり。此の中にまれに黒柿の如き貴重の木材ある事あり。普通の流木は数年海中にありて漸く着きたるものなれば、木の肉質は皆水中に洗ひ流されコルクよりも軽し。かくの如きものは土人之を枕として珍重せり。土人は多く枕を頭の下に支はず、図の如くうつ伏せになりて枕を抱きて寝るなれば、普通の布団にては暑きを以てかく流木を愛するなるべし。

此の礁の水道は細く長く、船舶の出入甚危険也。船長はブリッチに立って終始進路を警戒せり。此の水道の通過に約一時間を費し、礁内に入り東北角に向ひ航進する事しばし、ヘレン島へ達する以前に又礁内の礁あり。複環礁とでも申すべきか。船はとにかく島に着く前二箇の危険なる水道を通過せざるべからず。而して此の礁内の静なること鏡の如く、初めてアンカーを下して、船員パラオ出港以来の疲れを休むることを得る也。実に船員に取りて、ヘレン島こそパラオ南方離島中のオアシスなり。更に此の無人の小島に上陸せんか、椰子、タマナ繁る所、白砂砕る所、海鳥の棲ならざるなく、雛、卵は捕獲するにまかす。オサ鳥と云ふ鳥あり。其の鳥の雛は体躯アヒル位あれど飛ぶ事能はず、走ること能はず、只人の手捕りにまかす。余も又数羽を捕へたれど、利用方法なければ又放ちやりたり。トコベイ、メリー等の島民等は喜びて、忽ち数羽を丸焼きとなし貪り喰ひ居れり。其の夜余等は本船に帰りたれど島民等は島に野宿し、徹宵火をたき居れり。翌朝彼等は皆、椰子葉のバスケットに満載せる焼鳥を持て乗船し、為に島上の大方雛鳥は全滅の形となれり。此の礁又正覚坊ベッコウの繁殖地、又環礁は高瀬貝、広瀬貝、シャコ貝を採て充満せり。今日油スケッチ一枚を描けり。今宵は風涼しく、星美しく、エンジンの音もなく、心持よく安眠せり。

**七月一五日**

早起、神気甚爽快也。ヘレン島を一枚油にて描けり。船長等とリーフにシャコ貝採りに行き、沖縄人の水中にてシャコ貝の肉を切りはなち、貝殻のみにして舟中に上ぐる妙技に驚けり。貝約七個を得たり。前便にて送れる大貝は此の時に得たる物也。

午食事船にて汁粉の饗応あり。余午睡、午后一時過ぎ出帆しメリー島に向へり。余の午睡より覚めたる時は、ヘレン島ははるか水平線上に影を没せんとしつゝある頃なりき。今宵南天の星輝き、夜更けてスコルピオ星座甚美しかりき。風追手となりて船室内は蒸すが如し。

**七月一六日**

余朝寝す。メリー島に寄島したれども甚短時間なれば、上陸は見合せたり。メリー島の緑氏上船、パラオに行く由也。正覚坊数尾を荷積せり。

午前一〇時出帆、今日の航海、風は追手也。日は暑し、船中宛も釜中の如し。客皆甚苦しむ。午后三時ソンソル着。余パラオより持ち来れるサラサ二〇ヤールあり、此のまゝ持ちかへりては甚つまらなければ、試みに出し見たるにスバラシキ持て方にて、島民芭蕉布、赤貝首飾り、ベッコウ、オーム貝、椰子、及貝製首飾り、木製什器等と交換し、現金にて買ふより数倍の利を得たり。同夜は最上出張店佐藤氏方に泊り、深更まで談話せり。

**七月一七日**

今日午前中、油スケッチ一枚をなし、又土俗品数点を得たり。出帆前甚大なる木鉢をごく低廉に買ひたり。

午前一一時乗船出帆す。

**七月一八日**

余遅く起床す。九時半頃、船はパラオ・マラカル水道に入り、十時投錨せり。午后パラオ官庁に行き挨拶せり。同日休息す。本日午后、横浜丸復航入港す。

**七月一九日**

朝、横浜丸内地に向け出港せり。佐原氏は帰らる。午前中陳列所に行き、午后はボートハウスをスケッチせり。

**七月二〇日**

午前中、陳列所に行き、午后は殆ど明日本島旅行の準備に忙殺さる。夕、役所より高橋氏二人の人夫を連れて見へられ、蒐集品の荷造り手伝へる。計一一個となり中々の大貨物也。之は前便春日丸にて送れるもの也。

**七月二一日**

午前七時起床。ボーイのコボルトンを倶なひ本島旅行に出発す（パラオ本島をバベルダオブ島と云ひ、政庁等は小島コロール島に在り）。コロール埠頭より、みどり丸と云ふランチに乗り午前十時出発。乗客は大抵土人にして日本人は余のみ也。途中アイミリーキ、アルモノグイ、ガラルド等久しく聞きゐたる土地を見つゝ、午后三時十五分本島最北の部落アルコロン村のオコトルと云ふ埠頭に着けり。アルコロンの風景は実に荒涼たるものにて、赤土の起伏多き原野に蛸の木のみ叢生す。然れども其の風景は意外に余を驚喜せしめ、疲労せるにもかゝわらず、晩れ行くアルコロンの荒野に立ちて写生せり。此の赤土と蛸の木の荒野の景色は今に眼頭にあり。

晩れ近くアルコロンの中心地たるマガンランと云ふ部落に宿れり。此の地大樹生ひ繁り、はるかに海を見下し、実によき所也。コロールにて失望せし古きパラオの夢は甦れり。島民等余を歓待し、タロ芋団子、魚等を持来れり。今日は全然島民食をなせり。夜に入り日本語のできる島民来り、余の話を聞き色々と不思議がりて、世界の事物を尋ねたり。此の地にも大なる集会所（アバイ）あり。家屋の作りも甚古風にして面白し。

## 七月二二日

朝、宿舎前に多くの島民涼み台に腰かけて談笑せり。余スケッチ一枚す。朝食はタロ芋、魚、バナ、等也き。アルコロンに神の遺跡と称する石趾あり。午前中此処を見物し、スケッチ一枚せり。蛸の木の繁れる荒野の中に、神の石と称する巨大なる礎石の黙立せるは物凄き風景なりき。

午食、タロ芋、タピオカの揚物、魚の塩煮、バナヽの揚物、バナヽ(生)、椰子果等にして島民の最大料理也。午食後、当地青年団長来り、余にミカン数個を贈る。余よりバット八個(昨夜より今午食までの礼をかね)を与へたるに喜びて去れり。五〇銭玉二個を与へんとせるも、それは固く辞退して取らざりき。午后カヌーに乗りてガラルドに向ふ。五時ガラルド村なるアカラップと云ふ所に達し、当地公学校長小原景次氏の家に宿り、日晩れまで附近を視察せり。当地はマルキョクに次ぐ固有の物多く、資料甚豊富也。ガボクドと云ふ所に大なるアバイ二棟あり、コロールのアバイより古し。又此の所にてガラルド村長を訪問し、パラオ貨幣なる物を見たり。図の如く酋長の妻が、常に首にかけ居るものにして色黄く、陶器の破片の如しと雖も、其の質は甚硬し。ガラルド村長の所有するものはアクリルトと称し、パラオ三大貨の一つにして、其の値は七、〇〇〇円也。

首にかけたパラオ貨幣

同酋長は尚此れより稍値廉き貴重貨幣三個を所有すとの事也。同夜小原校長の家に宿る。校長は未だ若き人なるも、資性甚賢明にして、当地任未だ浅きにかゝはらず、アバイの研究等をなし居り。余と大ひに共鳴す。南洋群島小官吏に類を見ざる人也。夫人又客をよくもてなし大ひに歓待さる。

**七月二三日**

朝より雨。一日滞在すること、なり、午后酋長の妻及村娘二人を描き、甚多くの油絵を得たり。之偏に校長の尽力によれり。其の厚意忘るべからず。

**七月二四日**

天晴れたれば村中を土俗調査し、ボーイのコボルトンの叔母なる人（アイレク）の嫁ぎゐる家に行き色々とスケッチし、又土俗品数点を買ひ取り、叔母と云ふ人は余にベッコウの皿一枚を贈り呉れたり。尚ガボクドに至り、アバイ及村長の家等をスケッチし、当日のスケッチ及土俗品蒐集は非常の収穫を上げ得たり。殊にアイレクの家にて得たる木の匙、ベッコウ皿、及ガボクドの一民家にて得たる木製茶碗の如きは、未だ余の蒐集中に全く無く、当地校長等も珍しがりし程の珍品也。

正午校長宅に帰り、汐来るをまつ間午睡す。午后三時汐来りカヌーに乗りて発す。風落ちカヌー走らず、マルキョクに着けるは日晩れんとする頃也。当地駐在所に巡査不在にて大ひに困惑せり。日晩れて漸く巡査帰り来りしも、支庁より通知ありしにかゝわらず殆ど余を宿泊さすべき支度なく、数町を距りたる公学校長宅に行きて夕食を食べ、又数町の道を帰りて当地村長の家に泊れり。当地の小役人は南洋に来りて初めて見る如き分らず屋揃ひにて、余の疲労せるにもかゝわらず宿泊所まで来りて、余に木皿の揮毫を要求する等言語道断の振舞あり、甚不愉快也。

**七月二五日**

早起して当地アバイを見る。当地のアバイ其の物は比較的新らしく、あまり立派ならざれど、其の周囲の構造の素晴らしき事はパラオ島中第一とすべし。大城郭の如きものあり、大樹又よく繁り真に大部落の名を辱めず。当地に又古い石神あり。色々の伝説伝はる。

又当地酋長は既に死亡せるも、昔コロールと覇を争ひし酋長の子にして、其の家にパラオ第一の貨幣を蔵す。余も又一見したるが、大きさ色相、ガラルドの物と大同小異なれど其の価格は一万円也。尚当家には三個の大貨幣を蔵す。余は皆スケッチせり。

午前九時汽艇「かもめ」丸来る。乗船、カイシャル、アイライを経てコロールに帰る。アイライ附近にて、図の如き下のゑぐれ居る奇島二個並び居るを見たり。パラオは島中石灰岩多く、海水の侵蝕を受けて、皆下方ゑぐり取りたる如くなり居るため、非常に小さき島は図の如く茸の如くなる也。

コロールに帰りしは午后三時也。古川財務課長既に東方諸島巡廻を終へて帰ら居りしも、氏は咽喉を

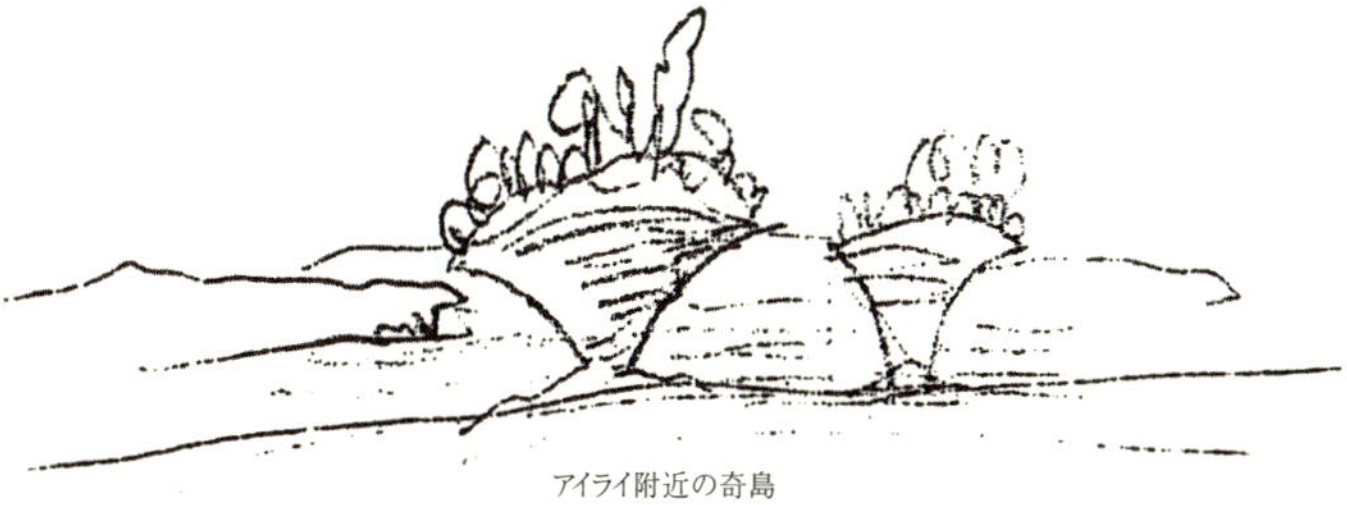
アイライ附近の奇島

害され居りたり。夕、藤井院長来訪され、余にパラオ木臼一個を贈らる。余の蒐集中に未だなきものなれば大ひに喜びたり。

古川財務課長又東方より持帰られたる物の内より、木槍(ポナペ)、木杵(ポナペ)投石帯等を分与されたり。

同夜財務課長、通信課長より招待され、当地旗亭パラオ館に行きしも、余は明日国光丸にてヤップに向ふべき予定なればあまり痛飲はせざりき。

パラオ滞在中収穫の大物は、金井学務主任に依頼して得たるアバイの梁木也。之はかはりの木を購入したるのみにて入手せり。之は東京美術学校へ寄附する心算也。

**七月二六日**

早朝より荷物を整へ、前便以後の蒐集品は財務課長に依頼して山城丸に積み込み、南洋庁東京出張所送りと定め、余は再び絵の具のみの身軽となり。午前十時国光丸にて出帆せり。当日天気頗る好きも風強く波浪高く、船は上下に動揺し、船首に上がる浪は白鯨の躍るに似たり。船中皆大ひに暈ふ。運転手、機関長、電信技師まで食事せざる有様なりしが、余は神気頗る爽快、少しも暈ひせず、食事も常の如く、又甲板に出で、景色等を見居りたり。船員等皆吃驚、敬服おかず、余の意気既にヤップ離島を呑めり。同船の田山講師の如きは終日臥床、終に一回の食事すらなさゞりき。今宵一五夜、月蝕あり。天よく晴れ、大洋中に此の美景を擅にせり。本船機関長と深更まで甲板に談話す。機関長の云へるに、未だ足下の如く船に強き客を見たることなく、又南洋中到る所を視察したる人はなしと。余の得意思ふべし。

**七月二七日**

朝六時、起床したる時は、大洋の他何物も視界に入らざりしが、余が再び寝台に入り午睡より覚めたる時十一時頃は、船は既にヤップ離島の一つなるヌグール環礁に近づきつゝありたり。環礁中の一砂洲中、先年擱座せる長明丸見へたり。昼食後直ちに上陸。島は甚小さく、住民は五〇人に満たず。男子は褌一本を下に〆め、上に芭蕉布の帣を〆めたり。女は図の如く、椰子殻製の首飾りをかけ、草にて作れる腰みのを着く。全島樹木よく生ひ繁り、見るからに南洋の風光らし。家は六角形に立て、椰子葉を以て葺く。見るもの皆一度に変り甚珍妙也。此の島は椰子殻と貝を以て作れる帯の名産地なるが、近時買ひ取るもの多く、非常に減

ヌグールの女

少せりとの事なるが、余は幸ひにして一本を低廉に買取ることを得たり。スケッチ沢山、土俗品数点を蒐集したる中に土人の作れる土の鍋あり、これはヤップ特有のものにして、ヤップ本島には既に殆ど無くなりし珍奇の品也。予期以上の収穫を上げ、五時帰船、直ちに出帆。夕刻同環礁中のタープヤップ、マゼラン等の島々を左舷に見つゝ航走せり。此宵十六夜、月明に風涼。本船は速力を落してヤップに向ひつゝあり。

**七月二八日**

余の起き出でたる時は、船は既にヤップ港内に入りゐたり。パラオ水産試験所ディーゼル船瑞鳳丸、本船に先立ちて入港。之はフハイス島に漂着せる外国帆船(ボート)を拿捕に向ひたるものにて、此のボートを曳航せり。船中皆其の噂に賑ふ。米国軍事探偵ならんと云ふ人もあり。上陸直ちに支庁に至り、宿舎の交渉をなす。ヤップは支庁小さく、事件今日は一時に多く、上を下の騒ぎなりしが、結局余は留守中の支庁長官舎に宿ること、なれり。田山氏も同宿す。今日一日は全く休養と定め、散髪、入浴等す。本島は甚涼し。

**七月二九日**

午前中、本島バラバットと云ふ所に行き、色々と島民生活を研究せり。当地にて最も不思議なるは、石の貨幣也。之は昔時当島民がパラオの岩山より切出して来れるものにて、各戸の前にならべて其の富裕を誇れり。直径一間位のものもあり。小さなるものは片手にて提げらるゝものもあり。

バラバットに当島第一の集会所あり。当島にては集会所をペバイと称し、このペバイは往時島民が数十年を費して作れるものなるが、今は材木腐敗し、ロープも切れ見るかげもなく荒廃せり。当地ペバイはパラオの如く彫刻をなさず、全部ヤシロープを以てかゞり、縄目を以て一種の文様を表はせり。ヤップには他島に嘗て見ざりし一種の樹木甚多く、名づけてボイと云ふ、青き扁平なる実にして、大きさ直径三寸位あり、中の仁を茹でて喰へば栗の如し。島民の常食也。当地パン果比較少なきも此の果実あり。実によく出来たるもの也と感服す。当日午后は休息せり。

**七月三〇日**

田山氏、大田氏等と支庁汽艇に乗り旅行に出づ。余は巡警ガギンと云ふ者と連れ立ち、一人トミル村なるタープと云ふ所に上陸。此処にてスケッチをなし、同村メルーと云ふ所にて島民の常食とするクロイモ団子を食し、雨しば〳〵至る中を当地上級民(ヤップ島民には未だに五階級の区別あり)の生活状態を研究しつゝ、ブゴルと云ふ所に至れり。途中最も珍しき発見は、ヤップに甚多くの種類の貨幣ある事なり。左図石貨は前出、貝貨は白蝶貝及黒蝶貝也。不思議なるは俵貨にして、是はバナヽの繊維にて作れる俵を檳榔樹の皮にてまき、更に上をヤシロープにて巻きたるものにして、価又低廉ならず、儀式の祭にかくべからざる貨宝とす。

ギイはシャコ貝製の角の如きものにて木製の台を附す。価格又甚貴し。ガウは赤き貝の聯珠にして価最も貴く、一連五〇円以上とす。

石貨、貝貨は価低廉にして、石貨直径一尺位につき一円内外、貝貨は黒蝶貝の大なる物は価貴しと雖も、白蝶貝は二円内外、黒蝶貝の小なる物の如きは、甚低廉にして一枚一銭位也。而して是等貨幣は邦貨と倶に現在使用されつゝある也。

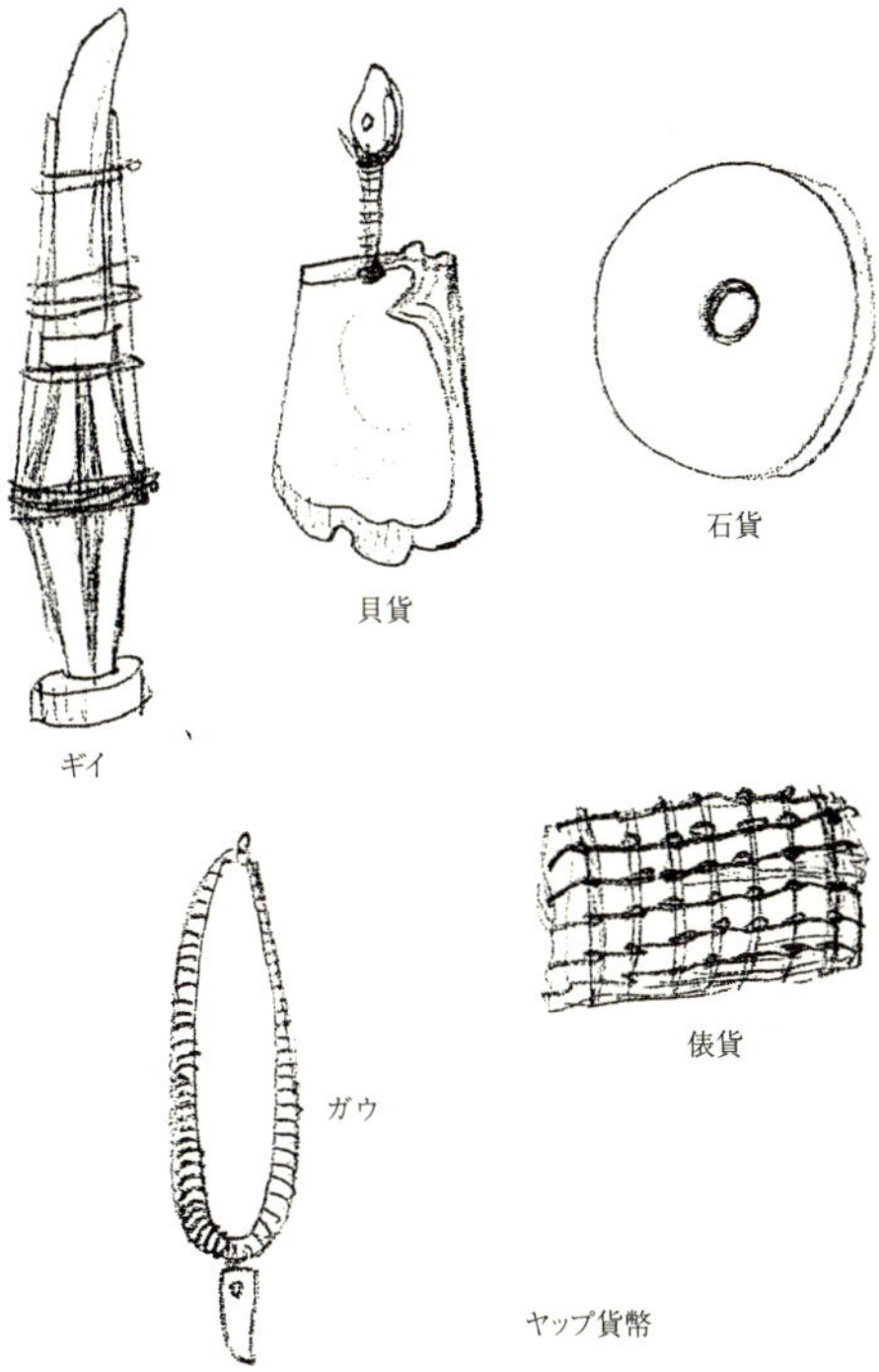

ヤップ貨幣

雨いよ〳〵至り、日既に晩れ予定の行動を取る事能はず、止むを得ずブゴルの村巡警の家に宿ることゝし、ブゴル埠頭のオールインハウス(即ペバイ)の中にて夕食す。此の日の夕食はパン果、ボイ果、及椰子果也。日は晩れたれど燈火なく、暖食なく、雨は盛に降る。真に密地探険の気溢れり。懐中電燈を頼りに村巡警オナの家に至る。此処は普通の島民家屋にあらず、模範式板ばりトタン屋根なれば甚心持可し。支庁より携へ来れる寝台と蚊帳は相当役だち、か丶る不便の地にありながら、心持よく安眠するを得たり。同夜大雨あり。翌朝に至るも不止。

**七月三一日**

夜は明けたれど豪雨不止。余止むを得ず床中にあって眠れり。島民家屋には便所なく洗面所なし、甚不便なれど山小屋に宿ると思へば何の苦痛もなし。か丶る時にも平素の鍛錬と云ふことは大切なる也。今朝は島民、巡警の父パン果を餅に造りて持ち来り呉れ、これとボイ果、椰子果にて朝食をすませたり。雨止みたれば此処よりカヌーに乗りてウギリ村なるガチャパルと云ふ所に至れり。此処に村立診療所あり。昨日の予定は此処に宿泊するつもりなりし也。此処にて一旦ブゴルのカヌーを帰せり。此処に神を祭る所あり、其れを見、又島民をスケッチ等し、昼食に鶏を煮て喰へり。それも島民流にレンと云ふ草の根より採りし一種の色料を入れて煮たる物なりしが、意外の美味なりき。午后島民の踊りを見、夕の汐にてマップ村なるトロワと云ふ所に向ひしも、海路遠く風凪ぎ、意外の時間を要し、トロワに着したるは夜の八時頃なりき。此処に駐在所巡査中林武氏あり。余の来着遅きを案じ居られしが、此処にて田山氏、大田氏と再会し、中林夫妻の懇切なる歓待に二日分の汗を落し、島民料理にやせたる腹も漸く肥やすを得たり。

## 八月一日

晴。朝の内附近の島民家屋を探り、珍奇の土俗品を得たり。——午前支庁汽艇来り田山、大田両氏は帰られしも、余は尚一日残る事とせり。午前中スケッチ一枚す。尚島民部落を探り、甚佳き木皿を求め得たり。余の所蔵する木皿の中の秀逸とすべし。午后は島民を油にてスケッチ二枚程す。今日も又中林方に宿泊す。中林氏は南洋に稀に見る良官吏にして、夫人の心尽しは今に忘られず、南海の果尚かくの如き人ありと深く感ず。余記念のため中林氏の肖像を描き与へたるが、甚だしく喜びゐたり。

## 八月二日

晴。附近に良石貨多きを以て一箇を持ち帰らんと欲し、中林氏及巡警ガギンの斡旋により、幸ひに甚余の望みにかなへる物を得たり。当地ペバイのスケッチ等なし。午前十時頃汐来りたれば、カヌーによりてルモン島に向ふ。ルモンはヤップ西北隅の一島にして最も小さし。其の北端に郵船静岡丸擱座し居り、目下解体作業中也。ルモン島のフワル及リイと云ふ両村を見、リイにてヤップ第一の大石貨直径十二尺位の物を見たり。フワルにては又変形の一箇の木皿を得、汐早ければ急ぎカヌーに乗りコロニーに志ざしたり。タガレン水道と云ふ所を過ぎ(此処は往時は地続きの地峡なりしを独領時代に開鑿せる物也)、コロニーに帰着せるは三時頃也き。

**八月三日**

サイパン方面に大暴風ありし由、当地も風少しく強し、一日休養す。暴風のため山城丸の来航遅れたれば、山城丸の荷を積みて離島に出港する筈の国光丸の予定もたて難し。国光丸に乗りて余も又離島を探険する心算也。今回は群島中最不開の地にして、其の航海も二〇日を要す。大ひに緊張せざるべからず。然れども此の航海を以て余の今回の大旅行は全く完成せらる。余の帰京も近きに在り。

ヤップ島コロニー、支庁長官舎内

八月三日夜

## 第二五便　ヤップ島にて

八月二日夕刻、カヌーにてコロニーに帰り、三日は一日休養し、手紙等を書き又蒐集標本を整理致候。

**八月四日**

支庁より一人のボーイ、本島の南端の方の村を案内すべく来りたれば、之に荷物を持たせて出発す。コロニー町の南方を画する湾をチャモロ湾と云ひ、チャモロ人沿岸に住めり。此の湾の外海に出ずる所に長木橋あり、之を渡りて行く。此の辺をウル、管区と云ひ、本島にて最も繁華なる村邑也。先日来りしバラバット大ペバイの前を又通り、所々にて土俗を視察しつゝ、ブロックと云ふ所よりカヌーにて、イノフと云ふ所に渡り、其処のペバイにて島民等の漁具の製作を見つゝ、老人より漁具の話を聞き、昼食す。島民パン果、ボイ果、椰子、パイナップル等を持来る。

此処を発する頃より天気悪しくなり、終に大雨至る。当日はニフ管区との界なるゴフの公学校（南方唯一の公学校）校長宅に宿り、非常の歓待を受けたり。当校長は米山氏と云ふ老人にて若き息子あり、親切に御世話下さる。

本日油絵スケッチはせざりしも、土俗資料の蒐集は相当の物に候き。夜に入り又大雨あり。

**八月五日**

天気よくなる。本島南端のニフ管区、グロル管区を一周せり。ニフ村にて村長の家に行き、村長より往時戦争に用意し貝の飾帯、及貝斧を譲り受けたり。貝斧は丁度甚古びたる木柄ありしに結びつけ、もらひたれば実に美事なる標本となりたり。余の家宝に価す。村長ザボンを持ち来りて余に呉れたり。ニフは余に取りて好印象の土地也。同地にて老人等会議し居り、余は彼等のバスケット（ワイと称し島民は常に之を腋にはさみて歩く）を調べ色々の小道具を調査せり。

当日は天気好かりしと余の気分好かりしとの為、甚能率上がり、其の蒐集資料は甚豊富なりき。本島最南端のトーワイと云ふ所にて昼食、東岸を巡りてゴフに帰る途中、数個の木鉢を入手せり。本島の木鉢はパラオの如く精巧ならざれども、其の種類は甚豊富也。四時頃ゴフ公学校に帰り校長に別れを告げ、カヌーに乗りてコロニーに帰れり。

**八月六日**

――朝、支庁に行く。山城丸入港は明日午前九時頃と判明（暴風のため予定より数日遅る）、同夕五時国光丸出港と決す。今回は常時の定期航路と異なり、非常に多くの島嶼を巡航する事なれば、実に千載の好機と云はざるべからず。離島行き品物を買ひ整へ仕度に忙殺さる。此の航海ヤップ帰着は八月下旬也。余の離島巡航中山城丸は帰航し、此の手紙は山城丸にて八月下旬、東京に着くべし。今回は山城丸便の託送荷物無し。ヤップ帰着より次航横浜丸、帰航寄港まで約半月あり、此の間に充分大作をなし、横浜丸を以て九月二四日横浜に帰るべし。

此の手紙は本旅行最終の手紙にて、次の便船は最早手紙を持たず、余自身を御身の許に送るべし。チヨコチャン大切にせよ。千里を行く者は九百里を以て半ばとすと云ふ言葉を忘るなかれ。九月に入りたらば家内よく掃除し、寝具、食器等見苦しきことなき様よく準備しおくべし。余の帰京当座は来客も多きことなれば其の心構必要也。万事其許の才覚に任す。今後の通信はすべて電報にするべし。

**八月七日**

——今朝、山城丸一〇時入港せり。

今夕、余は国光丸にて出帆す。

# 自描南島記稿　弥東扁ノ一　昭和九年九月

## 八月七日

午前中は雨なり。午前一〇時山城丸終に入港し、多く客を乗せ来れり。中に大学生見学団あり。午后支庁にて島民の踊りを饗応せり。島民等は今日のために数日練習したることなれば、各思ふ存分の粧をなせり。上半身全部にラン（姜黄粉）をほどこし、頭上に美しき冠をかぶれり。又腰蓑は赤、黄とりぐに染めたるガールのワクを入れたる美麗のもの也。約五〇名程、棒を持ちて踊る。ガチャパルにて余の写生したりしモロイと云ふ女も其の中に居りたり。今日又彼女の盛装せるをスケッチせり。

此の日支庁に陳列せる本島特産並びに、風俗資料品中より多くの資料を得たり。

天候甚険悪なれば、今日国光丸の離島行出帆は何如ならんと甚思案しゐたるが、終に出帆と定まり、午后四時には余等は国光丸に乗り移れり。生松庶務係長、庄司警務係長等、来船さる。乗客、秋永南貿支店長、同店員山口松次氏、東北大田山利三郎氏、南巡査、野林正雄氏、山田音次郎氏、玉田信治氏、ヤップ島カトリック宣教師等及オレアイ、ウルシイ等に帰る島民甚多く満船の体也。秋永南貿支店長は最近までポナペに在任されたる人、今回新しくヤップ支店長として来られ、初めての離島巡航也。山口氏は既に南貿分店員として一七年もウルシイ、オレアイ、ナモチック等に在任せる人、ヤップ第一の離島通也。野林氏はヤップ中島商店の主任にしてパラオ本店主の弟君也。山田氏はナモチック、玉田氏はオレアイの各コプラ仲買人たり。久しくヤップに在りしも便船を得て帰らるゝ也。同日船は相当に揺れたりしも、余は例によりて平気なりき。

**八月八日**

余少しく遅く起床す。余の起床したる時、船は早くもウルシイ環礁中に入り、彼の環礁の瓢形をなせる其のくびれのあたりに在る、フザライと云ふ島の西を航行しゐたり。此の礁は形甚複雑にして中に存する珊瑚小島の数も甚多く、遠く近く大小無数に並びたるは、大艦隊の海に游ぶが如し。此の中人の住むは、フララップ、ヤソール、モクモク、ホザライ、ロドのみ也。モクモクは文化早く開け、其の昔此の島の酋長勢力盛にして近隣を従へしかば、ウルシイ全体をモクモクの名を以て知らるゝに至れり。余の行きたる時は帝国海軍の測量班此処に滞在し居りたり。

午前八時ヤソールに投錨す。カヌーにて皆々東方なるフララップ島に行く。此のフララップ島はウルシイ環礁の一島の如く見ゆれども、実は別の独立島にして環礁との間に相当の深海存し。此の島は只一個海中に卓子を立てたる如く存するを以て、東北帝大講師田中先生によって卓礁と名づけられたり。ヤソールより此の島に至るにはカヌーにて一度外海に出でざるべからず。此処カヌーの操縦は頗る危険なれども当島カヌーはヤップ本島のカヌーに比して甚堅牢也。又土人の操縦法も甚しく熟達し居れば、余等に危険と思はなさせざりき。礁外に出でしばらくは礁の外縁に副ふて行く。余等の乗れるカヌーの右

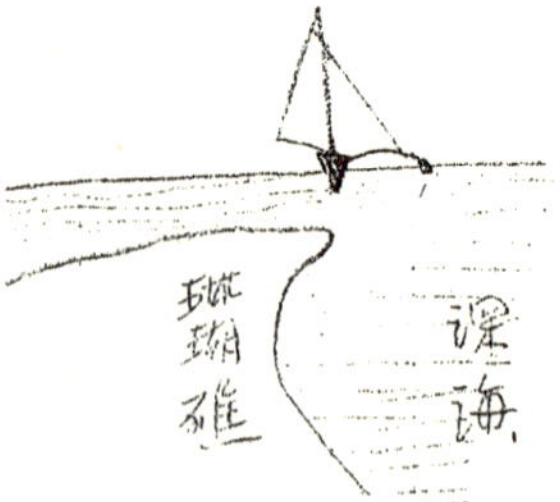


側は紺屋の壺めきたる深淵にして、左側は白、赤、青様々の色なせる浅き珊瑚の海底也。然れども其の珊瑚礁の外縁は図の如くゐぐれ居り（珊瑚虫の発達による自然の形也）、又所々に此の外縁に直角に大ひなる亀裂あり。其の亀裂の中は黒暗々たる海底にして人をして地獄のあぎとを思はしむ。真に美しく、恐ろしき海底風景也。

　フララップより東方に尚三個の低砂島あり。是等は皆ウルシイ環礁の外の小島也。尚此の東方に大なるZohhoiiyoru礁存す。余思ふ、此等を皆ウルシイ諸島と呼び、今ウルシイ環礁と名づけるものをモクモク環礁と呼称すべきにあらずやと。西カロリン諸島諸泊地第一、フララップは島大きく、樹木よく繁り、人口一六〇、内男七〇、女九〇。フララップと云ふ名称はヤップ離島環礁中に甚多く、殆ど一環礁一島は必ずフララップと云ふ島あり。土人に問へるに此れは「椰子多く食物豊富なる島」の意なる由也。島民等久しく船を迎へざれば（定期船は一月以来途絶し居りたり）、煙草、マッチ、檳榔子に餓へたり。之等離島民の刺激物を欲すること本島に異ならず。殊に檳榔子を噛むことは最も好めども、元来椰椰子はヤップ本島には産するも離島は到る所産する無し。便船絶へ檳榔子欠乏すれば、彼等は椰子の極小なる物を以て代用するも、之は只赤くなるのみにして真の味はあらずと云ふ。幸ひにしてシリーの葉は離島にも栽培するを得る也。檳榔子並びにシリー葉の称呼、ヤップ及離島間に相違あり、左の如し。

檳榔子　シリー葉　石灰
ヤップ　bu　Gabui　Oechi
離島　bu　futibuti　bechi

今彼等は入船により檳榔子を得たれば、喜ぶこと限りなく、程よく噛みたる頃、一つかみの煙草(フハイス煙草―後出)を口中に投入し倶に咀嚼するを見たり。彼等の異状の刺激を歓することかくの如し。島内、椰子、パン樹繁り、家屋比較的多く且、立派也。数個の集会所あり、其の様式ヤップ本島の物に酷似すれども破風、梁木等に、月、星、カヌー、魚形、鳥形等を浮彫し、又は特に装飾風に取りつけたるもの多し。此の風習はヤップ本島の一部及ウルシイ諸島にのみ限られ、之より東方諸島にあること無し。村落は海岸線に平行して発達し、家は海岸線に直角に建てられ、例外無し。ボートハウス然り。住宅は六角形に石を積み、其の上に建て、床なきもの多し。家屋の構造ヤップ本島に同じく、屋内を三個に区画し、両端の三角形の場所をPĩga、中央の四角き場所をiimと呼べり。Pĩgaの場所は板囲ひをなさず、椰子葉を編みたるを以て蓋へる程度にして、通風宜しく家族は多く此処に居り。内部iimは陰湿にして不愉快なれば、夜間寝る時、或は老人等の外は居ること少なし。炊事は多く別棟の掘立小屋にて行ふ。離島一般に穢屋は発達し、其の禁忌も本島に比して厳重なる由也。一般の迷信、禁忌等は到底短期の調査の及ぶ所にあらず。唯多くの禁忌は次の新月の昇ると云ふことを一つの標準とするが如し（山口氏談による）。

ボートハウス（Supara）は両側に巨木を柱として数本を並べ、上に大なる椰子葉葺きの六角形屋根を架したるものなれども、六角形の両突端を支ふ柱はなし。之カヌーの出入に便にしたるものなれども、此の両破風面を支柱なくして突出せしめる苦心は、多とせざるべからず。然れども見る者をして一種状大の感を起さしむ。此の構造は大小の差あるも、構造に異なることなく、西ウルシイより東サタワルに至るまで例外殆どなし。ヤップ式左右不同の舟庫は一つも発見せず。

島民衣食の状を述べんに、男子は蓬髪を左手を以て右に巻き、櫛（Roai）を以て右前面より止む。櫛は大小あり、皆ヤップより来る。櫛に羽毛をさすことあり。Wolと云ふ。

中年以上の物は全身入墨マックを施し、中年以下の者は足の内外側に海豚（Kui）の入墨をなしたるのみの者多し。入墨は元来モクモクが元祖にして、全身入墨の如きは、ヤップ本島よりわざ〳〵入墨に来るものある程にして、此の盛なることは当島を以て離島中の第一とす。

本島特産としてモクモク人形を産す。其の起源は不明なるも、島民が釿一丁を以て木彫せる物にして、其の特徴とする所は文身を巧に線にし、之に墨汁を塗れることにして、島民芸術の味豊に、群島中よく、トコベイ人形、モートロック人形と対峙してゆずらざる価値を存す。ヤップ離島中本島のみに産す（土語Riyoso）。

当日余、フララップにてシャコ貝製の円盤を買取れり。或者はウルモイの貨幣也と云ひ、或者は子どもの玩具也と云ひ、今に不分明也（土語Parai）。

同日（八月八日）午后二時頃、カヌーにて隣島ヤソールに至る。ヤソールは完全にモクモク環礁の一島にして、其の東北の一隅にあり。南貿出張店あり、高山氏と云ふ人其の主任として在島す。此の島は人口甚少なし。風物土俗フララップと異なる所なく、余は少しの土俗品を入手し、夕景国光丸に帰れり。同夜、国光丸同環礁内に泊す。尚同日本島にてヒレジャコと云ふ貝を見、大なるタケノコ貝を得たり。又ウグキス貝の大なる如き物を得たれども、之は田山氏に贈れり。

**八月九日**

未明出帆。フハイスに向ふ。此の間海上五五浬に過ぎず、午前一一時早くもフハイスに達せり。フハイスは他島と同じく珊瑚島なれども、環礁をなさず、絶海に孤立して、島根を波の洗ふにまかせ、西南及東北の両面は二〇米突程の断崖をなせり。田山講師の所謂卓礁にして、同氏の説によれば、他のヤップ離島諸礁が、沈降の経路をたどりつゝあるに反し、同礁のみは隆起しつゝありと。同島は燐鉱の埋蔵地として夙に知られし所なるも、今回田山講師の調査によれば前の報告に多少の誤あるものらしく、其の埋蔵量も予測に反せりとの事なるも同講師の公式発表あるにあらざれば明言し難し。

同島は先に云へる如く環礁なき孤立島なれば、船を碇泊さすべき所なく、波荒き日は近よる術さへなけれども、幸ひ同日は海面鏡の如き日なれば、同島東南岸に投錨せり。同島東南及西北岸は多少の砂浜存すと雖も、其の船つきの悪しきことは言語に絶す。同島陸岸上は椰子、其の他の雑木甚よく繁茂し、全島一大叢林の如し。従って島内樹陰多く、一帯の感じすこぶる陰鬱也。而して其の土人は思ふに群島第一の蛮民にして、全身モクモク風の文身をなし、毛髪は蓬髪且甚しく縮れ、大なる櫛(Roai)をさし、それに軍艦鳥の羽毛(wol)をさす。体格偉大にして鬼ヶ島に上陸せるが如し。女子の風俗モクモクと同じく、只男女倶に甚だしく粗野也。

食物――ウルシイに同じく芋、パンの実を主食とす。食器ウルシイに同じく長形ヤップ型タッピを主に用ゐ、稀に変形のものあり。余は長き魚形のものを入手せり。短形ヤップ型タッピは出現せず。石杵にトラック形を現出せる事先に言及せる如し。嗜好物の大宗を煙草とし、離島第一の煙草の産地とす。フハイス煙草と称され、離島一般土人の甚好む所也。乾燥してきざみたるものは、蛸の木の葉を以て紡錘形に包み、椰子ロープを以て巻く。邦貨二五銭位の物なれど、マッチ一袋に一箇、赤布二ヤールに四箇を購入せり。離島に限らず、現金よりも彼等の好める物品を以て交易するを利益とす。殊に離島においては赤布、煙草(フハイス島を除く)、マッチ等は彼等の最も好める所也。

フハイスの土人は他島に比し舟航、漁撈に巧ならず、其のカヌーは他島に比し部分少しく相違せり。又外洋を帆走すること少なきを以て、帆柱の装置なきもの多し。

家屋は他島の如く土台石を高く積まず、稍大なる石を周囲にならべ、其の中に細きソーフの破片をしきつめ、其の上に直に家屋を構築せり。家屋の構造はヤップ式六角形なれど、規模矮小にしてその鴨居も甚低し。住宅の海岸線に直角なること他に同。本島民家一二〇、三〇戸、島民凡そ四〇〇を算す（男二三三、女二〇三）。

同島又織物（前出）の産地として有名也。

午后四時過ぎ、本船に帰り夕刻出帆す。航路を東南に向け、ヨルピックに向ふ。此の行程二六〇浬あり。

**八月一〇日**

終日航海せり。本日天候稍悪く、波浪高し。

**八月一一日**

午前零時、ヨルピックまで三〇浬の所に達し、機関を止めて漂蕩す。ローリング盛にして全員眠られず、未明再びエンヂンをかけ午前七時ヨルピック着、直ちに上陸す。本島は小さき三角形の環礁にして水道なく、船の環礁に入ること能はざれば、外海より直ちに陸岸に上がる。船つきの悪しきことは言語に絶せり。然れども、環礁の小さければ全礁を一目に見渡し、小さき砂島に椰子の高きが点々と続ける様は、甚だ美しき風景也。

東隅のヨルピック島のみに住民あり。人家一〇戸、人口一〇〇名に過ぎず。然れども、其の家屋の構造甚立派にして、土台の石垣を六角形に整然と積み上げ、家屋の屋根、鴨居又甚高し。北海岸に存するオールメンハウスの如きは、二戸相並び、其の土台石は二重に積めり。此の石垣を積むは、一見何のためなるか不可解の如けれど、此れは時に島を襲ふ大暴風又は海嘯に備へるものなるべく、同地方は海嘯は少なしと雖も、大暴風は屢襲ふ所にして、ソロール島の如きは、数十年前全島民悉くに大波にさらはれたる記録存す。而してフハイスの如き海面を抜く事高き島に於て、此の石垣の発達せざるは更に此の理由を裏書せるもの也。

ヨルピック島土人は男女倶に体格偉大にして、容貌美しく、不快なる皮膚病、又全身入墨をする者なく、手、首、足(Yanni ni ator)等にのみ之をなす。男子の櫛には多く羽毛をさし(baurimaruk と云ふ)、足に女子の髪を以てつくれるSaimと云ふ装飾をなす。女子はモクモク風の文身をなさず、其の他の風俗他島に同。

本島飾帯、織物の産地として知られたれど、島民惜しみて外来人に売事少なし。

食物他島に同じけれど、食器の類に固有の物(木皿の類)甚少なし(往復航上陸の際、殆ど之を発見せず)。

午前九時帰船、直ちに出帆、オレアイに向ふ。天気回復し、波静まり、全員大ひに元気になれり。本朝未明船にてマグロを釣りしが、昼食に久しぶりにて「すし」を喰へり。南洋、殊には船中のことなれば、ワサビはなく「辛し」を以て代用せりと雖も、全員嬉びて食せり。

午后三時頃よりオレアイ環礁を望見し、午后四時水道に入れり。此の環礁は甚大きく、水道もひろく、此の日宛も東南の風強ければ、礁内に入るも波浪尚高く、上陸は困難を極めたり。此の環礁島嶼甚多く、住民も又甚多く、ヤップ離島中の覇者たるの感あり。其の昔はモクモク甚盛なりし由なるが、今は既に衰へたれば、現今最も優勢なるは当島ならん。東北の隅にあるフララップ島最も大きく、人口又最も多し（男一四九、女一六一）。南貿出張店あり、玉田信治氏事務を託さる。

此の日余等、南貿出張店に宿泊せり。

**八月一二日**

早朝よりカヌーに分乗。余は南巡査と二人、土人三名を倶ひ西北のオッタカイ島に向ふ。風向逆にして航程はかどらず、カヌーは風を左右いづれかの方向にうけてジグザグに航走し、風上に向ひ行くなり。而してカヌーの機能として、其の浮木（Tâmu）を風下に晒すること能はざれば、カヌーはジグザグの頂点即ち方向を変へる度毎に、帆の位置を逆にせざるべからず。此の作業は風浪中に行はるゝを以て中々の難事なれど、土人よく熟達して一も誤ることなし。然も当オレアイのカヌーは離島中第一の頑丈なるカヌーにして、帆柱、帆ゲタの重きこと此の上なく、其の帆は普通の木綿にあらずして、蛸の木の葉の

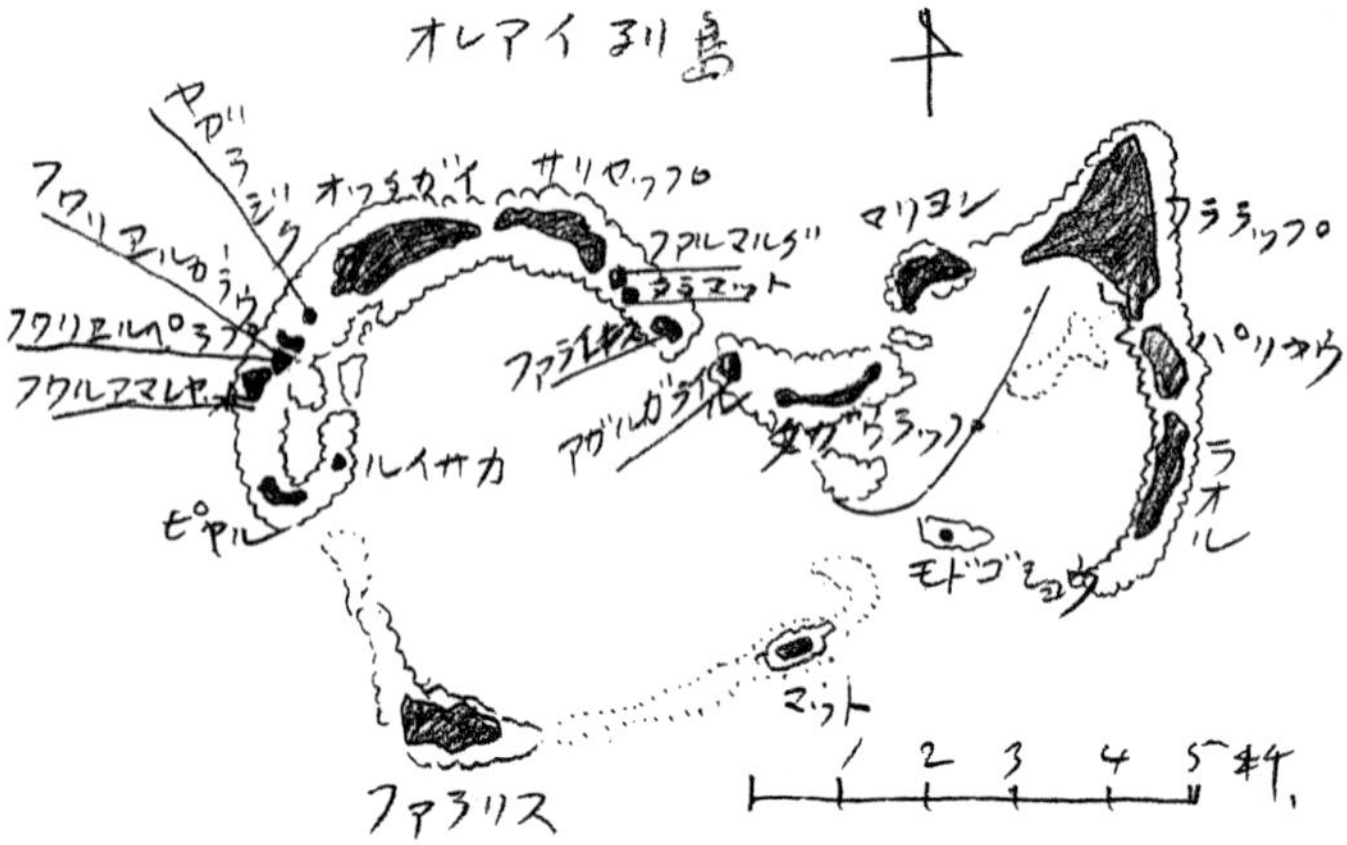


編物なれば之又甚重し。然れども土人の之を扱ふや沈着にして、一筋のロープ一本の木片と雖もおろそかにせず、もし此の海上にて道具部分品を取り落し、或は打ち当てしにもせんか、忽ちカヌーは破損、更に甚しければ転覆の憂目を見ざるべからず。土人のカヌーに熟達せりと雖も尚いやしくもせざるは此れ故にして、達して益々慎重なる風格は、以て吾人の戒めとするに足る。

蛸の木の葉にて編める帆は、南洋固有のものにしてÜと云ひ、幅一尺位に編みたる物を横に椰子ロープ(Gorogoro)にて接げるもの也。此の地方の帆の特色として末尾に椰子葉の飾り(Ageyen)を付す。

午前一一時漸くムトゴショウ島附近に達す。此の島は大正一四年の暴風にて出来たる島にて甚小さく、椰子の稚樹二〇本程を移植せり。此の辺り波浪外海より寄せ来り甚危険也。

一一時半頃オッタカイに着く。此処にて山口氏に会ひ、初めて氏等のカヌーが当島に寄る際転覆、一行あやふく難をのがれたれど、其のカヌーは大破せることを知りたり。オッタカイの人口、男七八、女八一。此処にて木皿三個を得、二時半出発。西南隅フワラリスに向ふ。途中スコールしばらくカヌーを襲ひ、一行濡れネズミとなれり。三時半フワラリス着。此処の人口、男四一、女五二。オレアイ環礁中住民あるは此の三島にして其の景観、風俗、皆同。

午后五時フワラリス出発。順風を得て、帆走一時間にしてフララップに帰る。同夜再び南貿分店宿泊。

**八月一三日**

早朝起床、上船、直ちに出発。イフリックに向ふ(此の間三五浬也)。天晴波静まり、殊に昨日よく寝りたれば神気甚爽快也。

午前一〇時イフリック環礁外に達す。此の環礁は甚小さく、東南部に細き一筋の水道を有すれども、之又リーフ点在して入礁甚危険なり。幸ひ此の日は波無ければ礁内に入ることに決し、一一時無事入礁す。東南隅、水道の東にフラップと云ふ島突出し、此の島は比較的大なれどかへって住民なく、東北隅のフライジュク島に男一二四、女一四五(昭和五年島勢調査書)の住民あり。此の島の住民は離島にては比較的、階級上位なる由也。男子は大なる櫛を用ゐ、又モクモク風の文身せる者も多し。男子も椰子殻及貝の首飾りをなし、女子の風俗は他島と同じけれど、其の飾帯は椰子殻、ベッコウ、或は正覚坊の太き六本掛にて白貝の文様なきものを使用す。ベッコウの物は価甚貴し。女子に耳朶穴の大なるもの、又

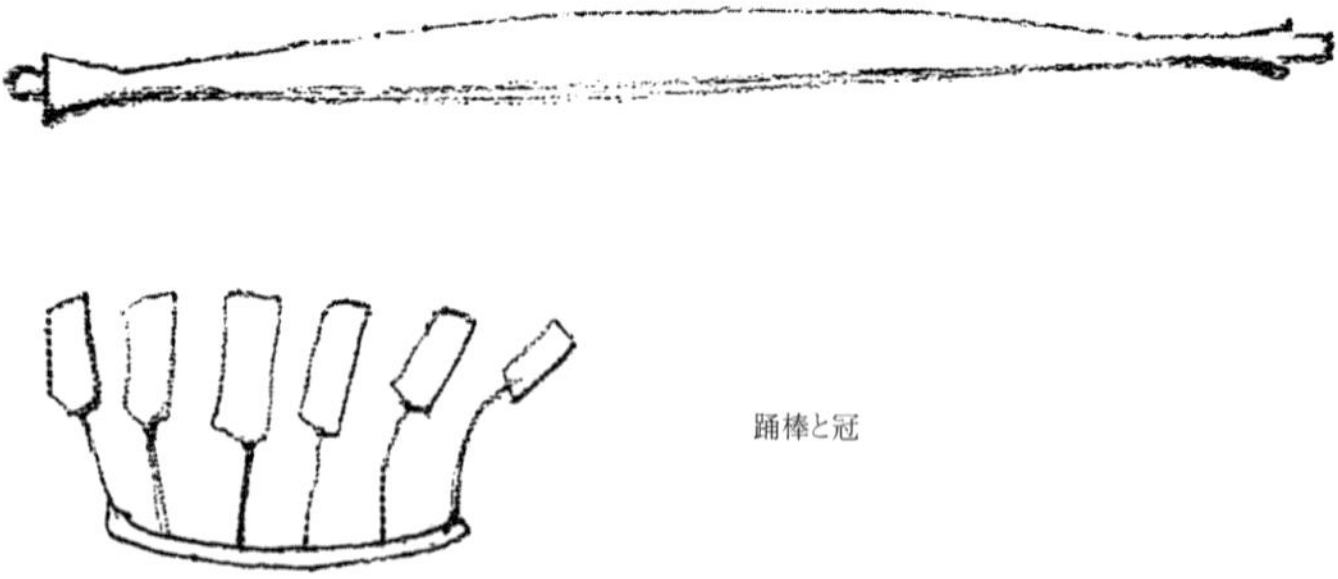

踊棒と冠

散切りにしたる者甚多し。

食物他島に同じく芋はプラー、及オートの二種あり。

此の島の土人踊舞する時は、図の如きマングローブ製の踊棒（Shokoi）を持ち、潅木の芯（我山吹の芯の太きものに似たり）にて飾れる冠をかぶる。当島、皮膚病、フランペチャ甚多く、フランペチャにて顔面破壊せるものもあり。又白子の双子（女）を見たり。

食器はヤップ形長短両様のタッピーを併用し、又甚稀に軍艦鳥の形をなせるタッピーを用ゆ。此のタッピーは其の起源不明なるもフルック以東に多く、余はフチョーラップ、エラート、ナモチック等にて数個を得たり。又カブト貝を産すること多く、鍋とし椰子玉の水入れは同じなるも、余は縄かけの入念なるもの一個を入手せり。

漁法は他島と同じけれど、余は此処にて釣魚用の凧を見たり。凧を釣魚に用ゐるは離島一般に行はれ、凧はパン果樹の葉の大なるものに椰子葉の蕊（Ro）を骨なくして椰子ロープを持って綴り、糸目は只二個を有す。而して此の凧より約三〇尋の高さに糸を下げ、糸の端には釣針をつけず、鮫の背皮の一枚下にある腱状の物を取り、之を砥石にこすりて真綿状となしたるもの（Koūriuriと云ふ）を輪にして吊るし、海面に浮かす。魚之を喰へばKoūriuriがモチの如くに魚口につき離れず。よく尺余の大魚をつり得、鮫の背皮得難き時はネズミの尻尾、鶏の足、軍艦鳥の翼より、類似の物を製すと云ふ。此の釣漁法をKacchaiと云ひ、𠆢の事をFucha îk（イフリック）又はChoragacchai（エラート）と云ふ。

住宅はヤップ式六角形にして他島に同。

オールメンハウスはカヌー小屋を以て代用す。

当島にてシャコ貝の真珠一箇を購入せり（バット一箇と交易す）。形丸けれど白色不透明にして光沢なし。

午后四時乗船、五時出帆。北行、フチョーラップに向ふ。同夜天晴風涼し。

**八月一四日**

未明既にフチョーラップ環礁に近づく。余午前七時起床。当島又甚小さき環礁なれども、水道はイフリックに比して危険多からず。フララップ、ピーク、ヤットの三島あり。フララップ（男三八、女三八）、ピーク（男二〇、女三四）の二島のみに住民あり。九時フララップ上陸。島内荒涼として叢林繁り、亀骨散乱す。風俗はオレアイ等と異ならず、只少しく粗野也。女子は東部離島式太く、貝を交へざる聯珠帯をなす。男女倶に耳朶の穴を装飾することは益々発達せり。当島皮膚病フランペチャ又蔓延せり。

墨壺

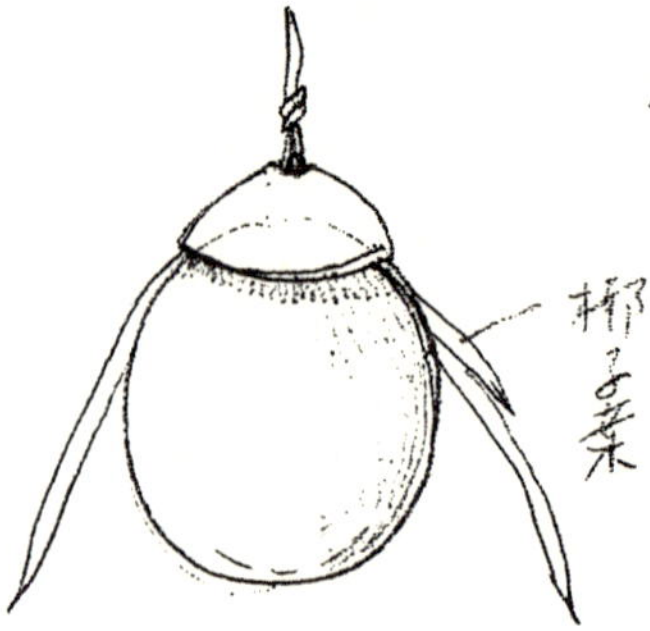


蓋つきの椰子殻

食物、一般と異ならず。

食器―タッピーは長、短、台付台なし種々混用すれども、其の数は甚少なし。鳥形タッピー、カブト貝の鍋を使用することはイフリックに同じ。又図の如き蓋つきの椰子殻に正覚坊の油を貯蔵せるを見たり。

家屋―ボートハウス等イフリックと不変、又オールメンハウスと云ふべきもの無し。

ヤップ離島中本島にのみ文字あり。之は独領時代、島民中の或者によって発明せられたるものにして、島民固有の物にあらず、且殆ど取る不足と雖も島語固有の発音を記録するに苦心したる所あれば左に採録せり。

其他の器具―当島にて図の如き墨壺を入手せり。島語に墨壺と云ふ言語なく只タッピーと云ひ、中にヤシ果肉繊維にヤップ本島の赤土を入れカヌー等の工作に用ゆ。此れの如き墨壺は離島一般に用ゐられ、其の形も非常に豊富であるが、ヤップ本島にはかゝる精巧の工具なく図の如き竹製の物を使用するに止まる。

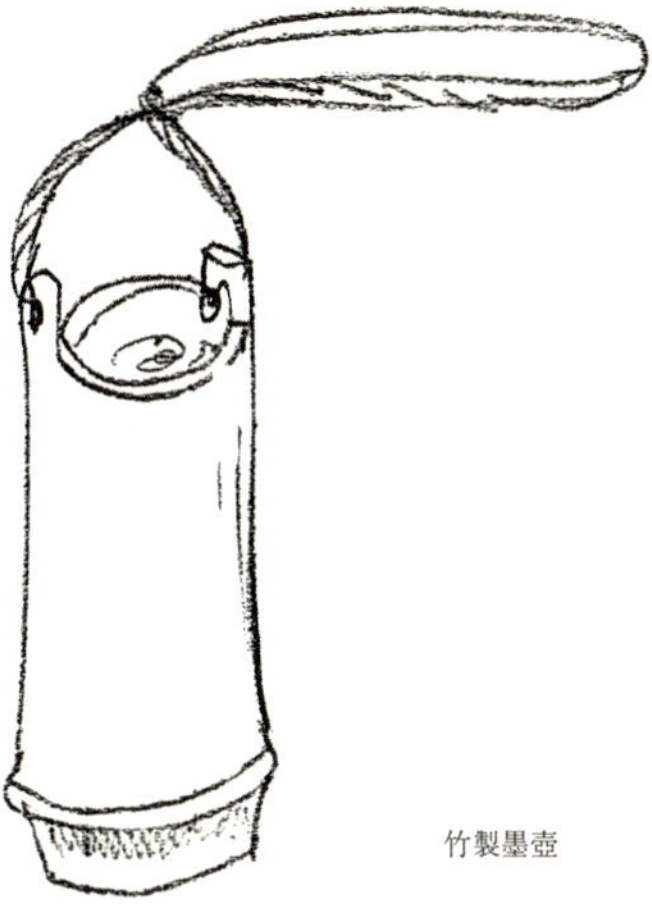
竹製墨壺

正午本船に帰り、午后南巡査と倶にピーク島に行く。本島家屋人口少なく、記すべきこと少なきも、島の一隅に荒木志津馬と云ふ人の墓存す。此の人は明治三五年九月帆船に乗りて来り、此の地に死せるもの也と。我南海先駆者の一人也。

午后三時本船に帰り、午后四時出帆、エラートに向ふ。天気好く風なけれど波少しくあり、船動揺す。

**八月一五日**

六時二五分、エラート環礁水道を入る。此の環礁又甚小さく、中央くびれ、宛も二個の三角形をなせる礁の続けるもの丶如し。南方に近く、トアス小環礁を見、北方に稍離れてナモチック環礁あり。北端のエラート島にのみ住民あり(男二六、女四二)。他は砂浜に僅かに椰子の生へたるものに過ぎず、トアス環礁の二島、ウロル、トアスも又無人也。

朝食後、直ちに上陸。此の島の習俗特色とすべき事少なく、文身又発達せず、男女倶に手足等に多少

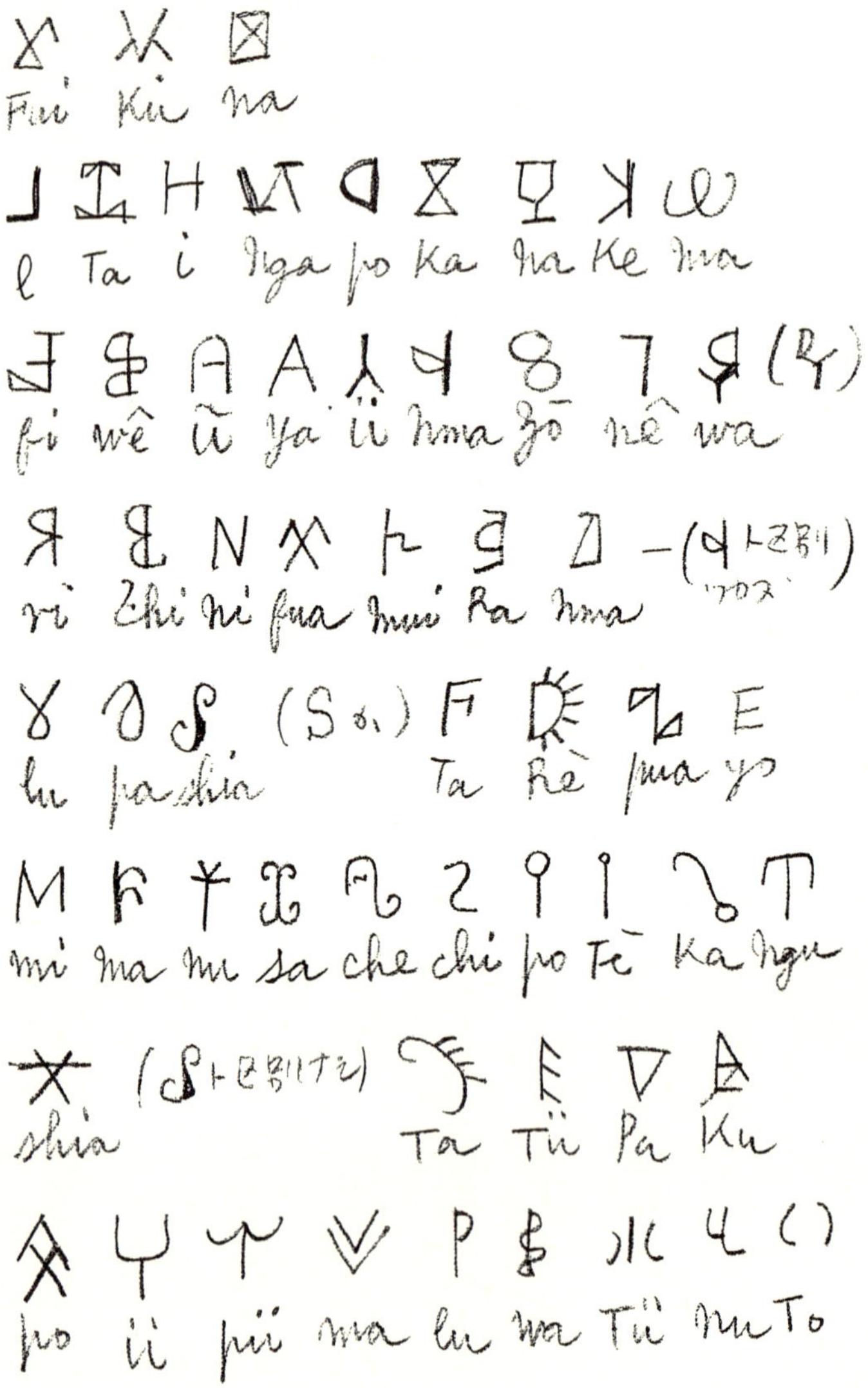

フチョーラップ島の文字

の文身をなす。男子の櫛、褌の装着同、椰子葉を首、手に巻く者多し。女子の耳飾りは益々著しく、散切りの風習あり。腰巻、聯珠帯（東部式）又同。

食器―木皿は数少なく、短形台つきのものを多少見、余は短形丸形底つき（他島にて見たること無し）にて、フチョーラップ文字を彫れる物及鳥形の物一個を得たり。本島に短形高台つきの大なる優秀品を持てる老人ありしも、惜しみて余に売ることをせざりき。思ふに当島には良工少なきにあらずや。当島に初めてトラック式大木鉢を発見す。之東方よりトラック文化の移入されたる物なるべく、此の辺よりサタワルにかけトラック、ヤップ両文化の交流地帯なりしなるべし。当島又カブト貝を鍋に使用する事他と同。

住宅は六角形にして低く、地壇は発達せず、石を並べて中にリーフを敷きつめ、其の上に建築せり。

午前一一時半出帆、ナモチックに向ふ。

午后一時ナモチック環礁西方の水道より入り、西端のフライテイ島及北端のブーク島に立ち寄り、田山氏等は調査の為上陸せり。此の二島倶に無人也。

午后四時ナモチック着。此処に南貿出張店あり、山田音次郎氏店を預る。皆上陸し、洗濯入浴して船上の疲れを休む。当島はヤップ東方離島中の最良津にして、嘗て欧洲大戦当時、独巡洋艦の潜伏しゐたることありと云ふ。

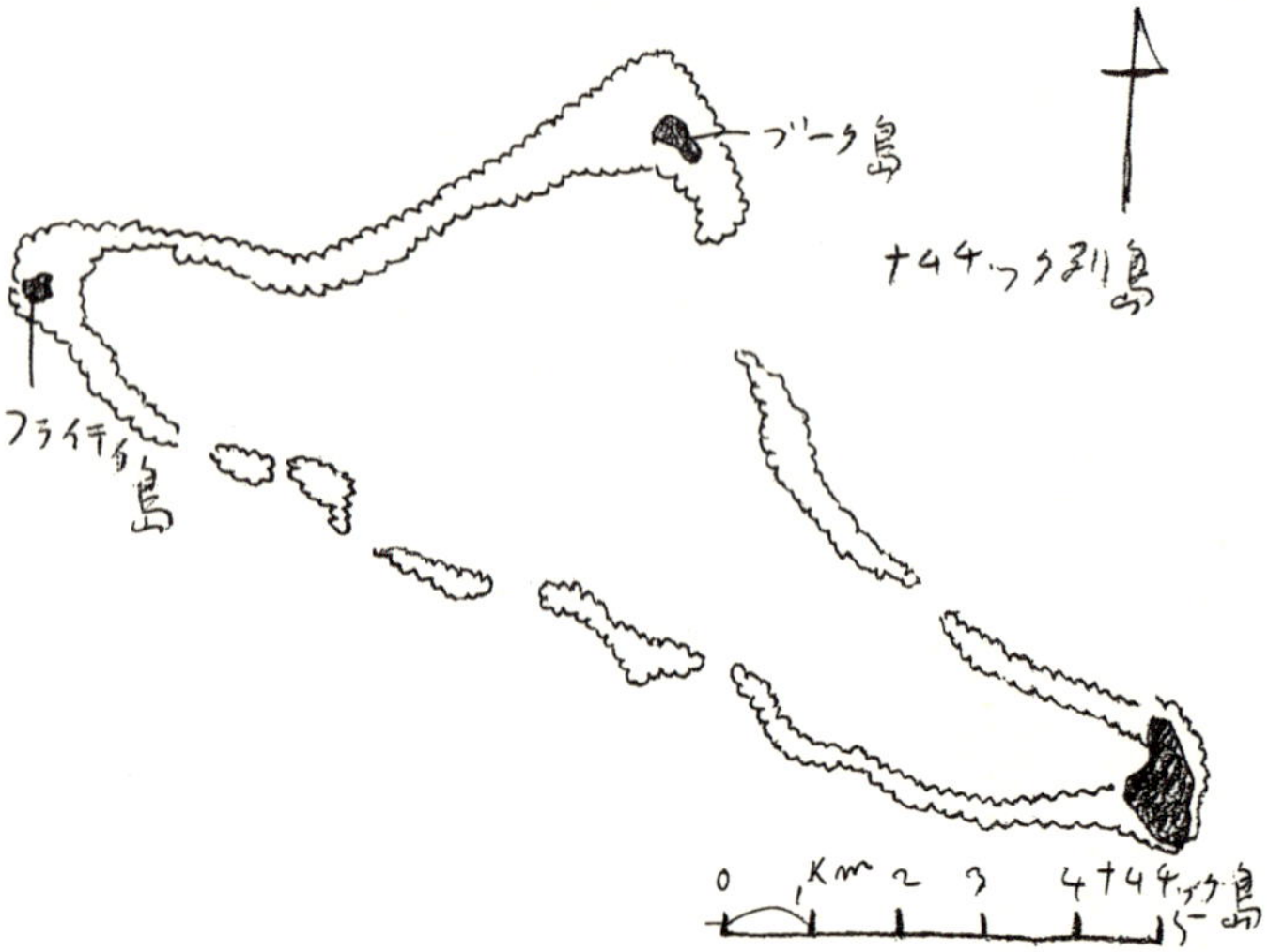


## 八月一六日

――ナモチック上陸。スケッチ、土俗蒐集等をなせり。島民風俗、男女倶に東部諸島と大差なく櫛、櫛の羽毛、花環、首飾り（ヤップ式サワイは離島にてはウルシイ附近にあるのみにして、東部に至るに従ひて、赤貝に椰子珠、白貝珠を交へ用ふ）、耳飾り（東部に至るに従ひ、耳朶の上下に穴を穿ち、上部に赤貝製三角形の耳飾り、下部に椰子殻製環を飾る。上部をMatthu、下部をSaguと呼べり）、服飾（褌及腰巻）、足首飾り等大異なく、東部に至るに従ひ、首飾りに草の葉を以て

耳飾り

輪を作り、用ゐるもの多し。之をÜsaと云ふ。男女倶に文身は盛ならず。

機織は甚盛にして、其の道具は西部ウルシイ附近の物と大同小異なれども、木彫装飾をなせるもの多く、余も一組を入手し、パラオ陳列館は優秀なる標本を所蔵せり。

食物―他島に異ならず、此の島のタロ芋は殊に美味也。食器はトラック式、ヤップ式混交し、鳥形も又多し。石杵は純トラック型也。

臼の類として、当島Igeushou家にはAnnifと称する角型の大盤を所蔵す。之は島内の大饗宴等の時に使用するものなる由也。又図の如き小型の物も用ゐ、皿と同じく単にタッピーと称せり。（因にIgeushou家は当島の旧家にして、其の家屋の頑丈壮大なること島内に冠たり。其の四本柱には直径二米突に近き黒柿（イヌチシャ）の大材を用ゐたり）。

小型の臼

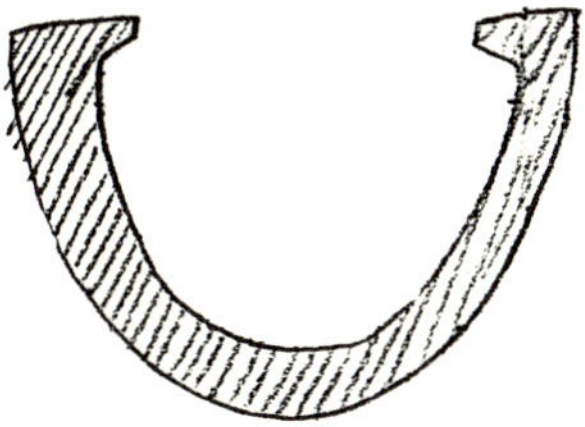
トラック型木鉢の横断面

余の島民Lamolより買入れたる大木鉢は、トラック式に似たれども底扁平にして平に置くことを得（トラック式は平に置くことを得ず）、周縁の彫り込みなし（トラック式は周縁図の如し）。而して四周及突端に彫刻文様を施せり。Remaulと称せり。

鍋はカブト貝、ヤップ式土鍋及日本製鉄鍋を使用し、石焼も又之を行ふ。

住宅は殊色なし、稀に床ある物あり。

カヌー、漁具等変化なく余は此処にて、貝製鉤(Pa)多数を得たれども、既に漁具の項に述べたれば略す。

農具―南洋群島土人は一般に工作を事とせざれば、農具と称すべきもの無きも、当島に図の如き木製鋤あり。マングローブ材を以て製され、芋を掘るに用ゆ。外来品にまねて作れるものか、当島固有の物か不明なれど、ソロールにて余の発見せる木鋤は、日本製に倣ひて作れる物なること明らか也。又本島にて図の如き木刀を発見せり。マングローブ製にして長さ二米突に及べり。ヤップ本島よりむしろトラックの武器に近しと雖も又異なれり。此の形の物未だ記載せるを知らず。南貿山口氏は数年前同型の物を入手せりとの事也。

ナモチックの木鋤

ソロールにて見たる木鋤

ナモックにて発見した木刀

其の他に本島にて蒐集せる土俗品左の如し。

墨壺数個(前出)、鳥形タッピー、カヌーアカ汲みRim又はKêmmata、骨製針Shui(家屋又は壁用)、釣鉤入れ(Saup)、物品入れバスケットPotaujo、同小型Jo、石斧Ateringi等にして、山口氏、山田氏、及Lamol君の尽力により、甚多くの蒐集をなし得たることを謝す。

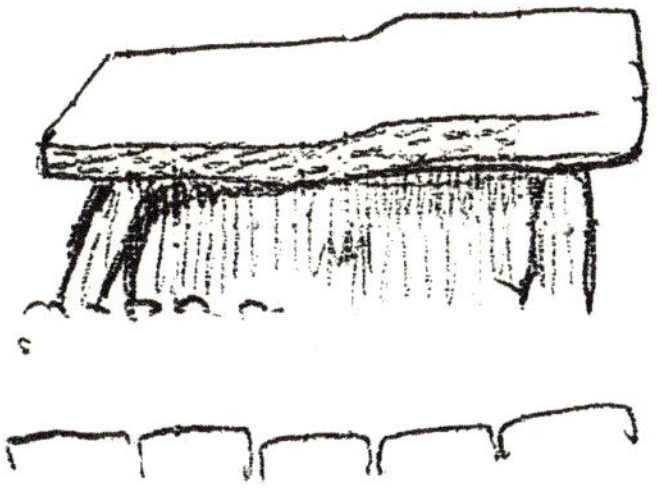

ウルシイの墓

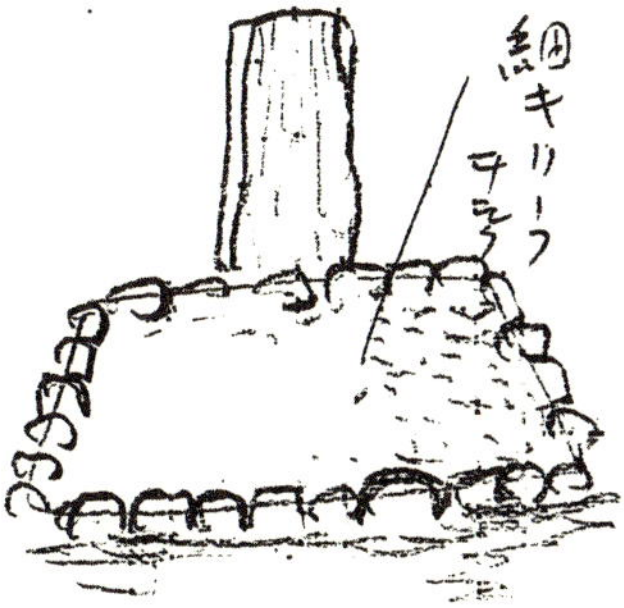

フチョーラップの墓

本島にて最も奇異の感を抱くものは、墳墓にして小屋を作り、酋長其の他富裕なる人の物は種々の装飾をなし、其の内には生前愛用の物品、珠玉、織物の類を飾り、花等を供ふ。而して其の四周には萌芽せる椰子実を供ふ。

ヤップ東方離島一般の墓は土葬の物は、図示せる如く稀に上に屋根を冠せるものあり。又水葬も行はれる由にして、山口氏談によれば左の如し。

人死すれば近隣集りて泣き哀しむこと何処も同じ。総じて南洋土人は直情流露にして、喜べば大声に笑ひ、哀しめば声を放って泣きかなしむ。人の死に遭ふ時のみならず、僅かの間の別離にも其の情を吐露せり。余の親しく見たる所に於いて、今回の航行にて、人夫としてパラオに赴ける者又単なる私用等にてヤップ等に赴く者多数あり。其のカヌーに乗りて本船に至らんとするや、妻子等遠浅の所にまで送り来り、海水中に屈んで声を放って泣く。フルック島等は別離の情殊に濃厚にして、妻女は人前も憚らず其の夫の陰部をなめ、互に鼻をこすり合ふ由、本船船員にて目撃したる者あり。本群島土人一般に接吻と云ふ事をなさず、お互いに鼻をこすり合ふを普通とす。又愈々本船の出帆せんとするや、各自カヌーを漕ぎて舷側に来り、声を放って泣く者あり。海上平安なれど不思議の身振りをなして祈りめく事をする老婆等あり。其の状騒然たり。生別既にかくの如し、其の死別たるや推して知るべし。

オレアイ列島にては、水にて死人を洗ひ、其の洗へる水は近親者が分配して呑み、此の者は後に供養の時椰子玉を多く分配さる。よく哀しみ、後の形見分けの顔を利かす所、分野異なりと雖も、人情不変の妙諦を語り得て皮肉也。

死人は諸竅に姜黄粉（Rân、トラック環礁にてはTaiku）を詰め、身体にも之を塗る。腕にベッコウの輪をはめ、文様なき芭蕉布にて厚く包み、生前愛用の諸品、道具、皿、鍋の類までも倶に包み、蛸の木の葉製の莫蓙にまき、更に椰子ロープにてかゞる。これだけにて既にかゝぐるに数人の力を要すと雖も、更に之に石の重りをつけ、カヌーに乗せて外洋に出で水葬す。其の人病死人ならば南の沖、蛮死人（椰子の樹より堕ちて死したる等）ならば北の沖に持ち行きて、投水すと云ふ。水葬土葬に限らず、葬式終りたる後、四日間は近隣集まり、Tappea〳〵と呼びて死人の霊を祭り、且、死者霊あらば諸作物、漁獲の豊なる様なし呉れよと祈る。Tappeaは木皿の意味にて、木皿を捧ぐの意か、或は木皿を満せよの意か、分明ならず、或は両様か。

其の時は椰子葉鞘を以て地を打つと云ふ。

仏供養は次の新月の昇るに及んで止む。

## 八月一七日

未明ナモチック出帆、サタワルに向ふ。午前一〇時頃、左舷はるかに一汽船を認め、何船なるかと皆不思議の思ひをなす。本航路を行く者は郵船定期船春日丸の他にはなけれど、春日丸が今か丶る所に来る筈なし、或は測量船膠洲ならん等と云ひあへり。近づくに及び、ギリシャ商船S.S. Ann Stahatos号にして、我三池より濠洲シドニーに向け航行中なること判明せり。

正午サタワルに達す。此の島又全然環礁をなさず孤立、絶海の荒波の洗ふにまかす。全然碇泊する事能はず、本船よりボートへ、ボートより陸岸への移乗危険なること本諸島第一とす。同じく珊瑚礁島なれど海抜稍高し。全島椰子及雑木繁茂し、住民比較的多く、男八七、女一〇九あり。島民気風温順にして快活也。風俗全然トラック式にして櫛を使用する者少なし。耳朶の切込(Sagu)は男女倶に甚大にして、五〇以上の椰子環をさぐる者あり。又文身は少なく、草葉の首飾りÜzaをなし、頭上花環を冠す。女子に斬髪の者多し(殆ど坊主刈の者もあり)。

食物はパン果(核入りの物)比較的多く、食器は数多からず、短形台なしの物、普通にして(Sapiと云へり)、余は一個のパラオ式深木鉢Orashakura(パラオ語)を見たれども、之はパラオより渡来せる物か、本島固有の物か詳にするを得ざりき。石杵はトラック型也。椰子蜜の利用は盛なるらしく、非常に多くの椰子水入れ(Bol)を各戸に見たり。

住宅、ヤップ式にして土壇高からず、周囲に稍大なる石を併べ、中に細きリーフを敷きつめたることフハイスに似たり。

本島に土方久功氏あり。氏は大正十三年東京美術学校彫刻科を卒業せる人にして、数年前南洋原始の姿を探ね来て此処に止る（大工杉浦佐助と云ふ者パラオより従ひ来て倶にあり、土方氏に師事せり。倶に奇人と云ふべし）。島民を友とし、島女を妻とし、島の中央にアトリエを構へ、島情、土俗、風習を研究し、一方島民の指導者たり。現在南貿の委託を受けコプラ管理を副業とせり。余は氏の援助により、当島碇泊時間短小なりしに不係、比較的多くの資料を蒐集するを得たり。

当島にて蒐集せる標本は全部土方氏より寄贈されたる物にして左の如し。

1. 巻貝製貝斧（Sile e fai）　カヌーの中を彫る斧にしてパラオ陳列館に優秀品あり。余は初めて入手せり。

2. シャコ貝斧（Sile e fai）　普通の貝斧也。

3. 蛸の木の葉用貝刀（Kiirri）　蛸の木の葉細工に用ゐる葉を摩擦して柔らげ又切断するに用ゐる。同形にて食料用の貝庖丁ありSara e faiと云ふ。

4. 椰子殻製耳飾り（Ruaru）

5. 竹製小楽器（beren bau）　竹にて作られ、口にあて、弾きならす。『ミクロネシヤ民族誌』を見よ。

以上。

又同氏より聞き取りたる土俗品左の如し。

武器の中には堅木を以て作られ、中央を握りて闘ふ。我独鈷杵に似たり。

又中央カロリン一般に用ゐらる鮫の歯を植へたる手ハメあり。Rasarasuと云ふ由。

又同氏より聞く所によれば、当島言語は大体西部離島と同じけれど、発音稍異なり西部にてTの発音は当島にてSとなりトラック北西離島（ボロアット）方面に至ればHとなると。例へば木皿タッピーは次の如し。

| | ヤップ西部離島 | サタワル | トラック北西離島 |
|---|---|---|---|
| 木皿 | Tapi | Sapi | Hapi |
| 否 | Tai | Sai | Hai |

尚ソンソル、トコベイの発音はヤップ離島西半に同じ。

サワタル島で見た産湯の木桶

当島に図の如き木具あり。土方氏に質して初生児の産湯を使はす盥なる由、Sapi al tiūtiū と云ひ、山口氏によれば、離島にて此の物あるは当島及フハイスのみにて、之海波荒くして到底海岸にて初生児を洗ふこと能はざるによる。因に山口氏より聞きたる出産並びに産後の行事を左に記す。

出産は新しく作られたる産小屋Im fateriの中にて行はれ、産児男子ならば産婦又は介抱の者先づKũiii Kũiii（海豚の意。海豚は元気溌溂たる動物にして、海を生命とする当島土人の男子に取りては憧憬の象徴たり）と叫びて、男子出生を全島に知らせ、之を聞きたる近隣の者又同音にKũiii Kũiiiを叫びて之を祝す。産児女ならば只黙す。産婦は元より、産小屋に入りたる者は、次の新月が上がるまで一歩も外出すること能はず。それまでは親族或は近隣の者、漁に出で毎日魚を之等の人々に贈る。然れども、言葉を交はすことは禁ぜられ、カヌーのふちを叩きて魚をもち来れることを知らせ、海岸に魚を置きて去る。

新月が上がりたる時、産婦は家に帰れ、不吉なき様祓ひをして産小屋を焼き払ふ。更に次の新月上がるに及びŪpuru in shārīと云ふ祝をして、全島の者を呼びて饗応す。之産褥中魚を運び呉れし男子等に対する礼なれど、其の人々のみ呼ぶにあらず、全島の男子は皆来りて、此の饗応に与かると雖も、女子は之を喰はず、若し喰へば人々より擯斥さる。

出世後、乳児が丈夫に育つ様、島中にて最も硬き木の根を探し、其の皮を椰子の網皮に包み、水に漬け、其の水を常に乳児に呑ます(乳児歩行するまで其れを続くると云ふ)。

幼児歩行し始むる時、褌を初めてつくる時、男子が初めて釿の柄をにぎる時、女子初めて機織器の前に座らさるゝ時、之等の時は近隣を呼び我七五三の如き祝ひをなす。更に長じて女子初経ありたる時は、一世一代の大祝賀会を催し、全島を上げて底抜騒ぎとし、月経踊り(Ūpuru in tain)と云ふ踊りをなし、宴酣となれば、男女合歓の状に摸したる踊りまでをもなすと云へど、本人なる女子は一人淋しく林中の月経小屋にありて、時を過ごすと云ふ。此の祭りを界とし、女子は女児用腰蓑(Shibi shibi前後のみに草をたらせるもの)を捨て芭蕉布の腰巻(Toul)に更ゆ。

男子は少年の頃よりカヌーに墨を引く事を学び祝ひをなし、之は相当の物入りあれば、富裕の者は幾度も之を行ひ、従って早く熟達者より多く技術を学び得るも、貧者は一生終に之を行はざる者もありと云ふ。

午后五時、国光丸コプラの積み込みを終り出帆す。今宵甚蒸し暑し。

**八月一八日**

午前七時、ファイヤオ島(海図のピゲロット)に達す。サタワルの北西にある無人の小島にて、海図にピゲロットと記載しある物、海図ピゲロット、ファイヤオ転倒すと云ふ(山本氏による)。此の島は従来一個の卓礁として報告されゐたりしも、今回田山講師の調査によれば、其れは誤りにて、コンドル礁の西北隅の一角なること判明せり。現に此の島の南方遠く、大なる珊瑚礁の海底に連亘するを目撃せり。海波打ち寄せ上陸困難なるも、島の北東面砂浜をなし大なる珊瑚礁のギャップあり。此処より波の打ち寄する間を見て、素早くボートを漕ぎ入る。北東の砂浜は其の状へレンに似たり。島の周廻一粁米突内外ならん。椰子及雑樹(主にウット也)繁茂すれど、椰子果は少なし。此の島の貝殻多きことは驚くべく、海亀も又甚多し。北東の砂浜に椰子葉にて作れる小屋二、三あり。この辺海亀を夥しく放抛し、腐乱散在し、蠅群棲す。此の多くトラック北西離島の土人等カヌーに乗りて此の島に来り、海亀等を漁し、必要以上に捕獲せる海亀を放抛し行く物と見へたり。悪むべき所行也。此の島に本船を寄せたる目的は燐鉱の調査にあり、田山講師の調査に従へば、多少の燐鉱ある物の如し。此の日船にては海亀を数尾捕獲せり。午后三時出帆し帰航につく。ファイヤオより蠅数万尾、本船に従ひ来り、殆ど食事する事も出来ず、夜に入り全船消燈し、浴室にのみ電燈を燈し、船長等ホースより熱湯をそゝぎて、漸く蠅を除けり。此の蠅は翌日未だ多少残り居りたりしが、ナモチックにて土人等海岸にて魚肉を焼きたるに、忽ち其の方に誘はれ船には一匹も残らずなりたり。

**八月一九日**

未明、ナモチック沖漂疇、未明に上陸したれど、今日は日曜也且身心既に疲れたれば、一日遊び暮らし、午后海岸にて水泳せり。往航に土人等余の為に鳥形タッピーを作りゐたりしが今日四個出来たり。

午后に正覚坊の肉を喰へり。正覚坊の肉は鶏肉に稍似たる所あれど、少しく臭気あり。其の味甚美味とはなし難し、水だき又は茹でたるものを、カラシ醤油にて喰ふはよからん。船流の醤油味付の煮込みにては言語道断也。

午后、パン樹の林を一枚スケッチせり。

夜、海岸椰子樹下に篝火を焚きて島民等踊舞す。其の状あまり活溌ならず、ヤップ本島の物より生気なし。

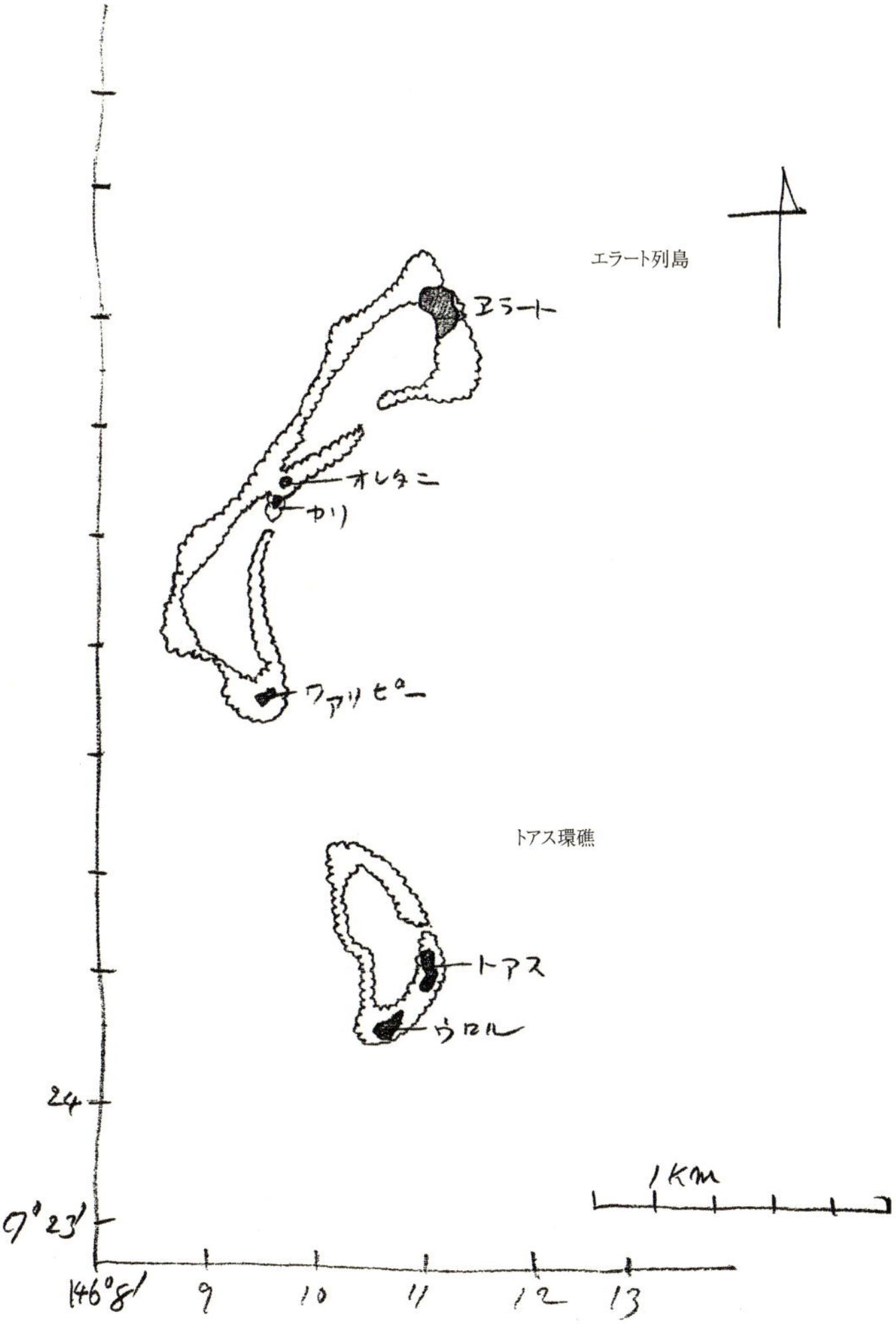
エラート列島
エラート
オレタニ
トアス環礁
トアス
ウロル
24
9°23'
1KM
146°8'
9
10
11
12
13

八月二〇日

未明、出港。余の起床したる時は、既にエラートに着きたる時なり。エラート碇泊時間甚短少、皆々上陸せず、ヤップ行き人夫及薪を積みて午前九時出港す。トアス環礁を東方より南方に一周し視察す。ウロル、トアスの二島倶に無人にしてトアスは雑木多く、環礁内方のみに多少の椰子樹あり。ウロルは稍椰子樹に富む。此の環礁元より甚小さく只一導のボートパッセイジ有するのみ也。

午前一〇時トアス環礁を右舷に見、航路を北西五〇度に取りオリマラオに向ふ。久しぶりにて大スコールあり。

午后〇時半オリマラオ着。之又極小環礁にして、オリマラオ、ファリピーの二小無人島あり。オリマラオには相当の椰子あり。官有地にして、エラートの島民来り、コプラを製し、出来上りたりコプラは、海岸の小舎中に蔵す。海岸貝少なきも、余はヤドカリの入れる一個新しき貝を発見せり。船員等引網にて鯵の大漁をなせり。夕景出帆、北西二二度に向けグリメス島に向ふ。此の航海九五浬也。

八月二一日

未明、グリメス島着。グリメスは絶海の無人島にして、環礁をなさず、只小さき島中の一方に浅き礁湖を有す。島中只一本の椰子樹なきもウットと称する大樹鬱蒼と繁り、遠く望めば島の中央甚高くして低砂島たるの感を与へず。上陸して見れば島は平なるも、高き大樹島の中央に至るに従って増々高きを

オリマラオ環礁

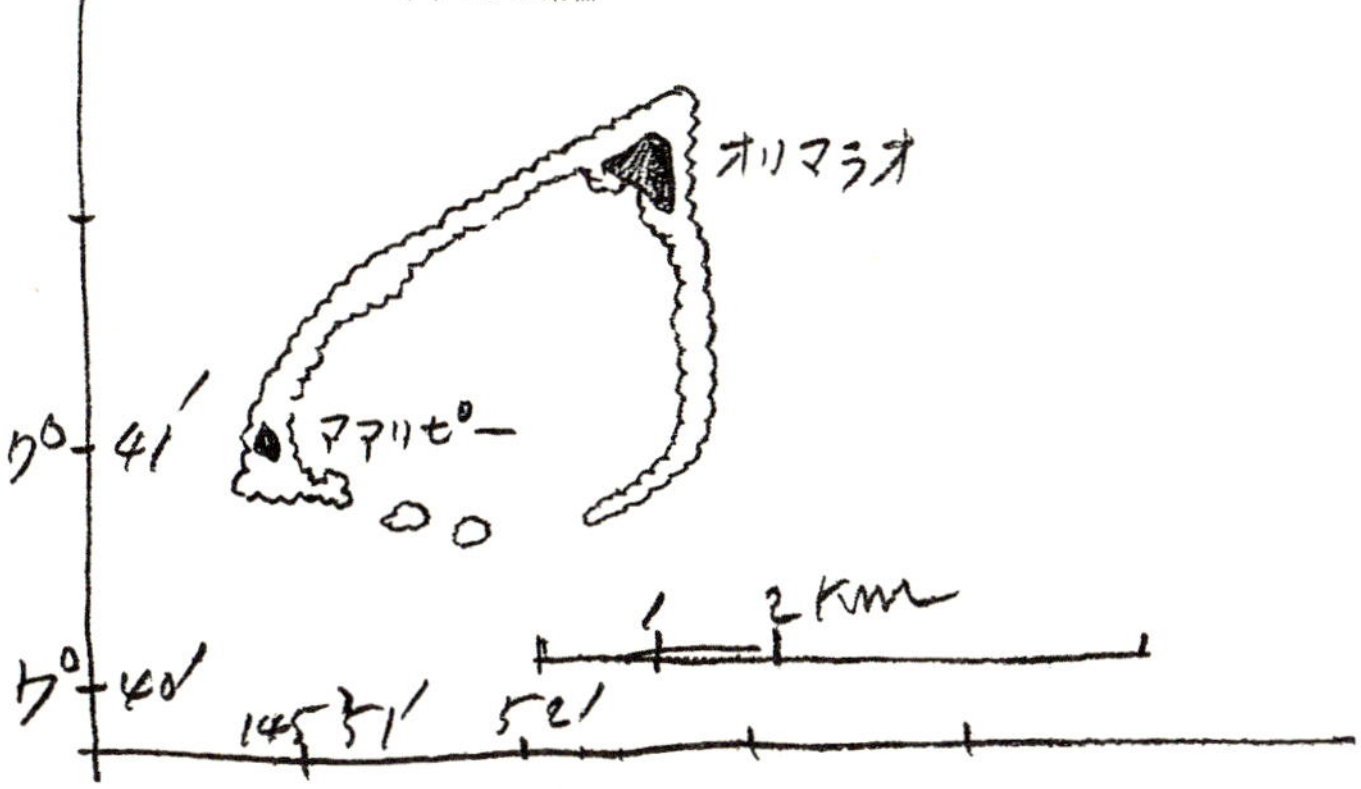


見る。全島海鳥の棲家にして昼尚暗き林中に入れば、樹下の地上は是皆鳥糞と羽毛に蓋はる。地下二米突に及ぶ燐鉱あり。今回の寄航は此の燐鉱の調査にあり。其れによれば地下一尺位は腐蝕土あり、其の下約一尺程燐鉱、次又一尺程の腐蝕土あり、更に其の下に燐鉱を含める珊瑚礁あり。之此の島の一度樹木を発生せる後に沈降し、再び隆起して今日に至れる物ならんと田山講師は推定せり。

島上に生育するウットは甚巨木にして、かゝる巨大なるウットは他島に稀也。是燐鉱中に生育するの故か、又何れの木も一度吹き倒されたる形あり、倒木の根下或は中段より発芽したる物が、今日の巨木をなせるを見れば、数十年前、此の島の樹木全部を倒したる暴風ありしことは明白也。

海鳥は軍艦鳥、其の他の物甚多く、人を恐れず近づきて捕捉し、又は石を投げ、棒にて打ち殺すことを得、目下、繁殖期にあらざれば、卵又は雛を見ることなかりき。軍艦鳥はGatafと称し、離島にて最も土人の尊重する鳥にして、其の棲む場所少なし。其の羽毛（風切羽）は、離島よりヤップ大酋長（ウギリ管区ガチャパルの大酋長が離島の宗主也）へ貢物となす物也。是は踊りの時の冠となす。又此の羽毛はカツオ釣り鉤に欠くべからざるもの也。山口氏談によれば、軍艦鳥は自ら餌を捕らず、他鳥の捕獲したる魚を途に奪ひ、其の交尾期には雄の喉は赤く、風船玉の如くにふくらむと云へり。

当島又無数の椰子蟹棲息し、島上椰子の生育せざるは其の為によると云へり。椰子蟹はYeffeと云ひ、普通は土人の好みて喰ふ所なれど、当島の物に限り喰ふことなし。此の昔漂流したる民等化して此の蟹となり、之を喰へば其の祟りを受くるとの迷信による。現に当島にて船員等椰子蟹を無数に捕り喰ひ、或者は土産にと持ち帰りて、船中に吊るし置き、翌日フチョーラップにて出帆の時、錨に故障を生じたる所、島民等、是椰子蟹の祟りなりと云ひて、恐れ合へるを見たり。今も島の北隅大岩石の下に祭神として祠れり。

椰子蟹は焼きて喰へば甚美味なれども、マングローブ蟹に比して甚脂強く、殊に其の腹部は全部脂肪の如くにして喰ふべからず。然れども土人は最も此の所を好めり。力強きこと驚くべく、本船にて生獲したる物、石油罐の上の碁盤を上げて、夜中逃走したる程也。

午后五時半抜錨。南西四六度に進路を取り、フチョーラップに向ふ。航程六五浬。今やグリメスを去るに及び、本航生地は殆ど全部終りたる也。

**八月二二日**

未明、フチョーラップ着、雨天也。荷役、人夫の乗込等雨中に行ひしも、余等は一歩も船を降りざりき。午后三時十五分出帆、例によりて島民も船の舷側にカヌーをよせ来り別離を惜しむ。今日船上より一隻のカヌーにて、図の如き櫂を使用しゐたるを見たり。思ふに之は櫂にあらず、梶に用ゐる物ならん。普通の梶は図中左の如し。倶にヤップ本島辺の物より甚頑丈且精巧也。

南西四度フリックに向ふ、此の航程八〇浬也。夜に至り厚雨屢催し、船内憂鬱にして耐へ得ず、人々皆一日も早くヤップに帰らん事を思へり。夜半に至り風加はり波高く船の動揺甚だし。寝ねんとするも寝られず。甲板に涼を取らんとするも雨繁し。

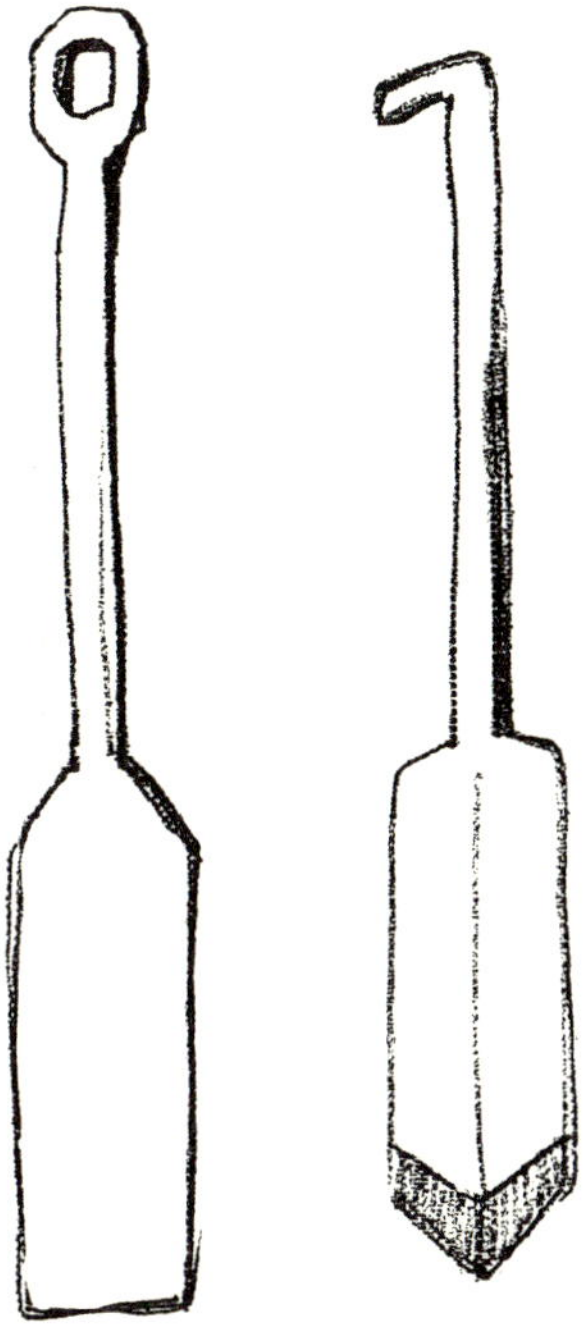

フチョーラップの梶

**八月二三日**

未明、イフリック着。人夫を多数乗せ、午前八時には早抜錨せり。昨日フチョーラップにて積める若きパ、イヤを今朝、朝食膳に見る（塩づけ也）。人々久方ぶりにて新鮮なる青物を見たる事なれば喜んで喰ふ。此れより東の島々は荒れたる珊瑚の磯のみなれば、パ、イヤさへも見ることを得ざる也。離島航行苦痛の状推して知るべし。北西八五度――オレアイに向ふ。三二浬にして正午オレアイに着す。フララップ島の戸口を南巡査が調査する間、余はスケッチをなせり。夕食は玉田氏の心尽しにて鶏鍋を饗応され、日晩れて本船に帰る。

**八月二四日**

午前二時、余等の眠れる内本船は抜錨し、午前七時には既にヨルピック環礁を望見せり。午前九時、ヨルピック着。船は投錨せず今日は天気良好なれば、皆々上陸したれど、折から大干潮にてボート着岸せず。或者は海中に入り、或者は島民に背負はれて遠くリーフ上の浅瀬を歩きて上陸せり。余は両足蚊に喰はれたる跡化膿しゐたれば、島民に背負はれて上陸せり。ヨルピックは聯珠帯の産地也。余往航に求めて得ざりしが、今又酋長の手を経て求めたるも、得ることを得ざりき。島民の聯珠帯を惜しむ事驚くべ

ヨルピック環礁

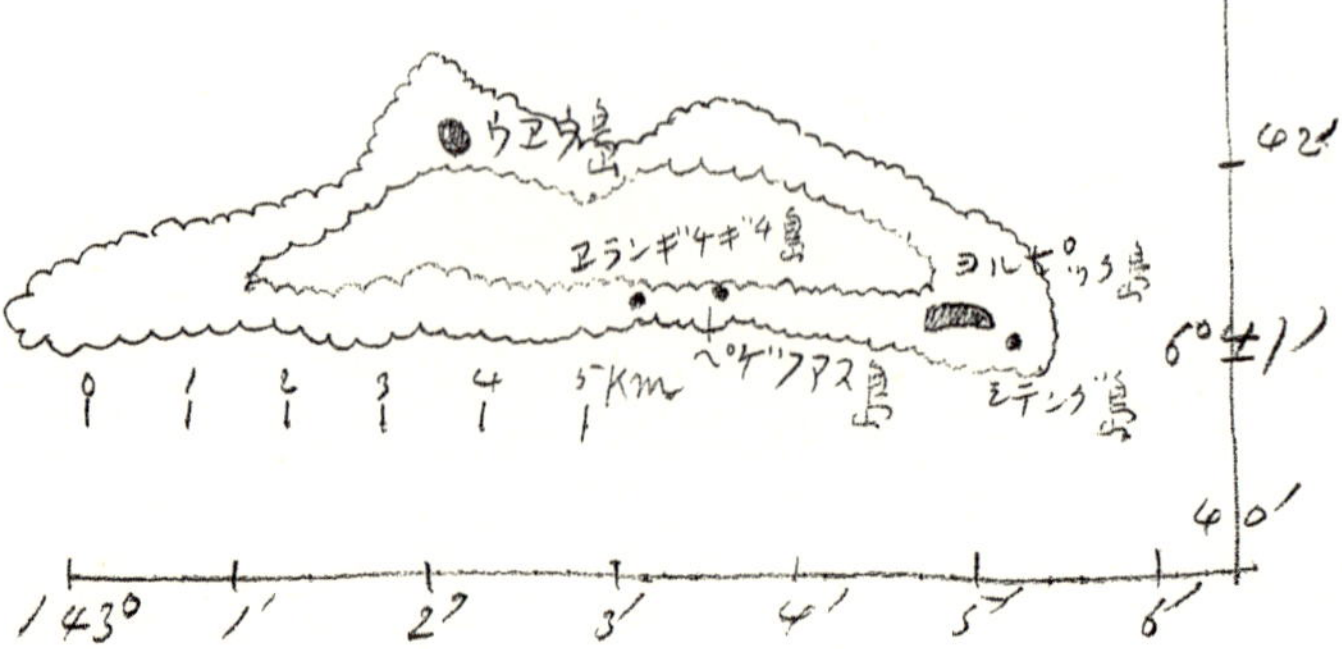

きものあり。僅かに聯珠（椰子殻及貝製）の首飾り一本を入手せり。

午后一時帰船、午后二時出帆。此の環礁は東西に甚長く、船は今其の南側に副ひ、環礁の地勢を視察しつゝ西航す。ヨルピック環礁を離れたる後、北西六三度に向けソロールを志す。此の航程一八〇浬也。

今日西南の微風波高からず。本船にナモチックより乗船せるParuiと云へる土人航海家あり。其の人につき星座の名称を調査せし結果左の如し。

| | |
|---|---|
| Fishu | 星 |
| Fishu e chai | 金星（夜明けの星） |
| Fishu ni Bon | 金星（宵の星） |
| Ore go | 北斗七星（釣鉤の意） |
| Iban | 北極星（北の意） |
| Yâlu | 天の川（道の意） |
| Karippu | アルファ、センタオリ（南々東の意） |
| Parugottomuru | アンタレス |
| | 蠍星座の名なし |
| Ulu | 南十字（余の山口氏より聞きたる所に依ればbûbuと云へり） |
| Gueri | 天の川の中にあるトカゲ形の星なき所（トカゲの意） |

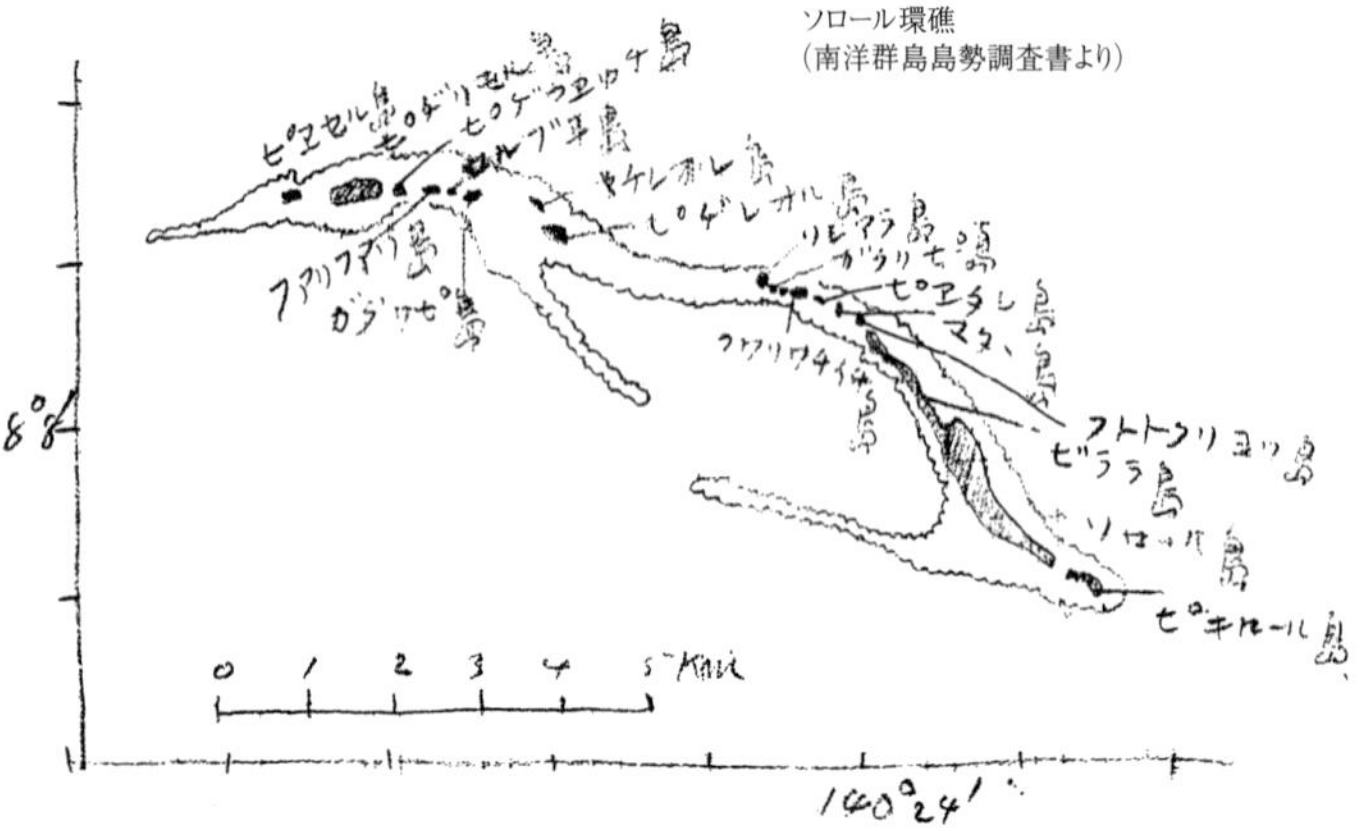


ソロール環礁
（南洋群島島勢調査書より）

## 八月二五日

午前七時半ソロール環礁を望見し、九時半着。ソロールはフハイス島の真南一〇〇浬程の所に在る東西に長き小環礁にして、礁内島嶼甚多く、往昔は人口も五〇〇名程ありしが、大正年間暴風による巨浪の為め全滅し、生存者一〇〇名許南貿救助船の為に助けられたるも、救助後生命を落したる者多く、僅かの生存者も他島に離散し、現在ソロール島に住居する者僅かに一一名也。此の者も最近にコプラ製造の為来島せる者にして、在来の本島民なるや否やは不明也。ソロール島は礁の東角をなす所にあり、稍長くビラヽ島に続く。現在は椰子其の他の雑木よく繁茂せり。

島民風俗特色を見るに困難なるも、入墨をなせる者（モクモク風）あり。食器はソンソル型也（或はヤップ型と謂可）。家屋はヤップ式六角型の甚貧弱なる物也。

要するに当島は未だ風俗として形式をなさゞる物也。

当島海岸にはオーム貝屡打上がる由なるも、余は破れたる物一個を拾ひたるのみ、他にイモ貝の美麗なるを一個拾へり。

午前一一時帰船、直ちに出帆。南東六度の方向に暗礁ある由にて、本船は之を探査し、此の附近にて海豚の大群の泳游するを見たり。後航路を北東二度に更め、フハイスに向ふ。夜に入り北風の向風にて涼気甚可し。

**八月二六日**

未明、フハイス着。今日は往航に比し風波強ければ船投錨せず。人夫を乗船させて直ちに出帆す。北西二二度ウルシイに向ふ。此の航程五五浬也。午后一時ゾッホイ、ヨル礁東北を通過す。此の礁は殆ど全部水面下にあり、僅かに北端のウユロップ、ヤールの二小島のみ水面上に出で、此の二島には相当の椰子其の他の雑木繁茂せる如し。此の礁の西方なるロシャプ、ボロボロ、エフの三島を含む名称不明の一卓礁をもよく望見するを得たり。三島又相当の椰子あり。午后二時ヤソール着、碇泊す。

**八月二七日**

未明、本船をフザライ島に着く(島の地勢は往航の篇に述べたれば之を略)。フザライは南北に長き島にしてフザライ、フラメンの二邑あり。合せて六〇名程の土人あり。衣食風俗のことは前述せり。稍見へるオールメンハウスあり。Watoriと云ふ者より木製ヘルメット形の帽子(Chorifats)を買ひ取る。之は土人が外国人を倣って作れる物なる由なるが、其の作風甚巧妙、且ヤップ及離島方面に広く用ゐらるゝ由也。

午前九時、モクモクに着く。モクモクは往昔甚勢なる島なりし由にて村邑並びに家屋、オールメンハウスの類よく整、稍往時の面影を存するも、人口は比較的少なく男四三、女六一名に過ぎず。風俗は既に前述したる所なれど、此の島にて奇異の感に打たれたるは、其の酋長が病気のため歩行不能にて、一種の人力車に乗れる事にて、其の人力車は土人の考案により作られたる物らしく、車はワイヤの巻心を応用せり。

余当島にてアチーフ二本を買ひ取り、又出帆際に至り高山氏を労して、イロイロール三箇を島民より譲り受けたり。午后五時出帆。コプラ及、グリメス島より採取せる燐鉱等は船倉に入り切らず、数日前より既に甲板上に積み込まれゐたるが、ウルシイを出ずるに及び、前後甲板皆うず高く、前は余等の唯一の涼場所たりし上甲板も、今やウルシイより乗り込める土人を合はせて百五〇名に上れる人夫等の占むる所となり、涼場としては僅かに操舵室の屋上のみとなれり。乗員過剰にして船内の不愉快なること奴隷船の如し。実に之等の島民は自ら進みてパラオ、アンガウルに出かせぎに行くにはあらず、彼等の郷島にあってパン果を喰ひ、椰子水を呑み、無為太平に楽しく暮らせる者を、文明人の利益に供されんが為に、泣きわめく妻子より引き割かれて連れ行かるゝ也。文明人と自ら誇り、彼等の指導者と自らゆるせる者は、只彼等をして外国語なる難解の文字と言語を教へ、彼等の知らざりし貨幣制度を教へ、文明人の持つあらゆる悪習を与へて、以て彼等を教育せりと自負す。彼等の再び郷島に帰る日、携へ行く物は妻子を喜ばする黄白にはあらず、ビスケット食也、缶詰食也、而してポマード也。後進の民族を教撫するの責任ありと自任すること、原始民族の幸福を奪ふ権利ありと自負するは、文明人の迷信にして、二〇世紀に奴隷船を現出さするは彼等の罪なり。

# ヤップ記

七月二八日未明、ヤップに入港。ヤップは南洋群島中、最も余を喜ばした島々の中の一つである。船から見てコロニーの町の左に続く、島民部落の中に所々聳へ立つ大小のペバイ（集会所）。其の中には久しく余の憧れてゐた、彼の有名な大ペバイも高く見へてゐる。ヤップに上陸して最も余を満足せしめた事は、土人が彼の怪しからん、悲しむべき衣服と云ふ物を着けてゐなかった事だ。我南洋群島中、未だに此の愛すべき固有風俗を固持してゐるのはヤップだけだ。そしてそれもやがては失はれるであらう。此の島を統治する政府の役人等は何よりも夢中になって、裸体の悪事である事、労働の神聖であり貴重であること、そして金貨本位の貨幣制度が世の中の最も進歩せる、最も確実なる取引法であること（彼等は幸か不幸か、嘗て一度も資本主義の社会組織と云ふ物を、味ったことが無いのだ）を教へ込みつゝあるのだ。数世紀ならずして、世界の考古学者や人類学者は、今さらの如くに慌てゝ保護されつゝある当島の生き残れる人々や古土俗をアイヌやタスマニヤ人等に嘗てなした様な惻隠の思ひを以て見舞に来る事だろう。此は余事に属するが、余が南洋より帰航の途次、サイパン島より乗船した土地有志且有力者らしき人々の、今回新しくタッポーチョ山（サイパン島第一の高山、と云ふよりサイパン島を海から持ち上げてゐる山と云った方がより真実に近い）の周囲にドライブウェイが出来、その道路に沿ふて、八八個所の御札所ができた。それが、やがては国宝に指定されるだらう（此の人等は国宝と云ふ物につ

サイパン、ラウラウ海岸から
オビージャン海岸に残る石趾

いて何と思ってゐるのかは判らぬ)。我サイパンにもこれで素晴らしい名所が出来たと、喜び話してゐるのを聞いた。だがサイパンに数多く残されてゐる、はるかに貴重な名所は此の人達は云はずもがな、もっと教養あり、判断力ある政庁の官吏や大会社の重役の様な人々からも、無視されてゐる。サイパン島の南半ラウラウ海岸から、土名オビージャン海岸と云はれてゐる開墾地の中に、今も素晴らしい旧マリアナ土人の部落趾が、完全に残ってゐる。現今残ってゐるものは図の如き住宅の礎石と、大きな石臼、それと附近から無数に出土する土石貝器の破片に過ぎないが、其の礎石の配置は在りし日の部落を想像できる程、完全に且数多く残されてゐる。マリアナ土人なる者が在来何如なる人種に属し、何如なる歴史を有するか、且それが世界殊に太平洋人類学に何如なる役割をもつか、更に〳〵それが今や絶滅せる人種(彼等はスペイン人との混血によって、現在チャモロと呼ばれてゐる子孫を残す他、純種は、はるかの昔に絶滅してしまった)である事を思ふ時、必ずしも人類学者或はそれに興味を持つ者にあらずとも、何如に其の遺跡の貴重にして、興味深き物であるかゞ判るであろう。其の遺跡は今や開墾の人々によって、ハンマーを以て打ち割られ、海岸に運び捨てられてゐる。彼等が国宝になるかも知れないと云ふ、新名所を作ってゐる時、かくの如くにして世界の宝が、破壊されつゝあるのだ。

ヤップの人口は今や急激に減少しつゝある。やがて彼等は、書物と博物館と極く貧弱なる遺跡(後世の考古学者に各自、自説を取って動かざるの自信を与へる程度の混沌、曖昧なる)にのみ存在し、彼等の同胞なるタスマニア人の後を追ふのだらふ。文明人は彼等にズボンと金貨を与へ、そして呼吸器病と死へと誘ふ。

吾ヤップを急激な文明同化病から救ってゐる物は、土人長老等の頑固さにある。事実島民中の若者は、他島の文明同化に多分に心を魅かれ、しきりにズボンを穿きたがってゐるらしい。既に彼等が一度故郷であるヤップを離れゝば、若者の多くは櫛を取り去り、ズボンを纏ふ。が又島へ帰れば彼等は、長老等の叱責を怖れて又元の裸体に帰る。其れ程長老等は頑固でかつ未だに勢力を持ってゐるのである。彼等の最も悲しむべき旧慣、島民間の身分階級(島民は大低一等民より五等民までで差別され、賤民は上層民の前では全然奴隷視され、土地や立派な財宝の所有、華美な装身を許されない)と云ふことも未だに固く守られてゐる。

# 染木煦　略年譜

明治三三　一九〇〇　一月一〇日、父、河田烋《よし》、母、里起《りき》の第五子四男として東京市四谷区東信濃町に生れる。父は逓信省の官僚。祖父、河田廸斎。伯父、河田熙（貫堂）。外叔父、田口卯吉（鼎軒）。

大正八　一九一九　開成中学卒業。同級に村山知義がいた。卒業後、葵橋洋画研究所に入所。

大正一一　一九二二　東京美術学校西洋画科に入学。

大正一四　一九二五　三科第二回展に《構成1》など構成物を出品。東京美術学校卒業生、在校生によって舞台装置研究グループ「牧神の会」を組織し「演劇美術展覧会」を開催。

大正一五　一九二六　「単位三科」結成に参加。伊藤熹朔、千田是也らの「人形座」同人となり、ウィットフォーゲル作「誰が一番馬鹿だ？」公演に参加。

昭和二　一九二七　東京美術学校西洋画科を卒業。「三科形成藝術展覧会」に構成物を出品、また付随して開催した「劇場の三科」で人形劇「三科二十五座」を演出上演。東京美術学校西洋画科同期生と「上杜会」創立。「舞台美術協会」を結成。満鉄嘱託として「満洲」に渡る（翌年、辞職し帰国）。

昭和四　一九二九　舞台美術協会第二回展に出品。槐樹社第六回展に油彩画を出品（以後、社が解散する一九三一年開催の第八回展まで出品）。この年、母の従姉妹にあたる家の名跡を継ぎ染木姓となる。

昭和五　一九三〇　上杜会第三回展に出品、以後、戦前は毎回出品する。

昭和七　一九三二　樹下愛子と結婚、東京市本郷区駒込上富士前町に住む。

昭和八　一九三三　第一子長女、凱子生れる。

昭和九　一九三四　東光会第二回展に出品、以後第四回展（一九三五年）まで出品する。三月七日、横浜出帆の筑後丸で

「南洋群島」へ渡航。マリアナ、カロリン、マーシャルの大小二九の島々を巡遊し、絵画制作、民族誌学調査、民具・工芸品の収集などを行って九月二九日に帰国。

「染木煦南洋作品展」を東京・日動画廊で開催。エッチングの制作を始める。

昭和一〇　一九三五　「南洋群島」で蒐集した民具・工芸品の展覧会を銀座・資生堂とアモレ画廊で開催。この年から、上杜会展を中心に「南洋群島」に取材した作品を発表。

昭和一一　一九三六　「日本山岳画協会」創立に参加。「主線美術協会」会員となる。立川に住居を新築（海野欽次郎設計）、号「稚芝山人」にならって「稚芝荘」と名付ける。第二子長男、策人生れる。

昭和一三　一九三八　第三子次女、莱子生れる。

昭和一四　一九三九　三木辰夫、染木煦、橋口康雄「版画三人展」を銀座・日動画廊で開催。「満蒙」、「北支」を旅行し、絵画制作と民族誌学調査を行う。

昭和一六　一九四一　『北満民具採訪手記』（座右寶刊行会）を上梓。前年に結成された「南洋美術協会」の第一回展に出品。

昭和一七　一九四二　「山西学術調査団」および「学士院蒙疆調査団」に参加。

昭和二〇　一九四五　『ミクロネジアの風土と民具』（彰考書院）を上梓。

昭和二一　一九四六　戦後最初の上杜会展を北荘画廊で開催。以後出品を続ける。

昭和二二　一九四七　北荘画廊で人形劇を上演。またこの頃、有楽町・毎日ホールでも上演。

昭和二〇年代後半　私立東京中学、東京高等学校の美術教師となり昭和四〇年代初めまで勤務。

昭和三八　一九六三　「仏像彫刻・木版画　染木煦個人展」を日本橋・丸善画廊で開催。

昭和四〇　一九六五　「仏像　彫刻・木版画　染木煦第三回個人展」を丸善画廊で開催。

昭和四三　一九六八　「第五回染木煦木彫展」を丸善画廊で開催。

昭和四五　一九七〇　「染木煦南船北馬展」を丸善画廊で開催、戦前に南洋群島と中国で取材した作品を展示する。
昭和四七　一九七二　シルクロードを巡る旅行をする。ハバロフスク、中央アジア、モスクワ、レニングラード、アフガニスタン、エジプト、アテネなどを訪ねる。
昭和四八　一九七三　「染木煦シルクロードの思出と幻想展」を日動画廊で開催。
昭和四九　一九七四　中南米を旅行。翌年この旅行で取材した作品の個展を開催。
昭和六三　一九八八　六月一八日逝去。

## 参考文献

染木煦『ミクロネジアの風土と民具』彰考書院、一九四五年二月
染木煦「青年の虹」『繪』一四九号、一九七六年七月
染木煦「虹の如くに消えた才人達の思出」『繪』一五〇号、一九七六年八月
染木煦「五雨十風」『我らが遺産』一九八一年五月
滝沢恭司「ミクロネシアの誘い—一九三四年、染木煦の南洋群島行」『アジア地域における版画文化と版画教育の現状』武蔵野美術大学版画研究室、二〇〇七年三月
滝沢恭司「河田煦と大正期新興美術運動」『町田市立国際版画美術館紀要』一一号、二〇〇七年三月

# 『染木煦のミクロネジア紀行』刊行に当って

主を亡って二〇年、築七〇年古びた洋館アトリエの奥の書庫、その隅の戸棚の一番下の又隅から、偶々見つかった一束の原稿。

それは、「美術家たちの『南洋群島』」展の準備に奔走中の、町田市立国際版画美術館滝沢恭司氏の求めに応じ、亡父染木煦の遺品遺作の山を漁り廻っていた際、埃にまみれて現れた若き日の父の七ヶ月に亘る南洋紀行を綴る旅行日記であった。

一九世紀最後の年に生まれ、昭和最後の年に他界した父は、この旅行后、立川の一角に建てた洋館アトリエに籠り、稚芝山人と号し、想像と創造に没頭して五〇余年を送った。

晩年は、木彫仏像と木版仏画の製作に専念しながら、何故か、寺僧経を好かなかった父であるが、昭和も遠くなった今年、没後二〇年を機会に、発見されたこの旅行記を公にして墓誌の代りにもしようかと思いたった。

この原稿発見の端緒たる滝沢氏に編修の労を煩し、求龍堂嶋裕隆社長の御尽力を仰いで、本書が上梓され、父の生涯の一端を、読者の皆様に紹介でき喜んでいる。

この旅行記によれば、目的は、南洋群島の風土の探訪、民具の採集にあったと思われる。

しかし、洋館アトリエの中にあふれる無数の父の遺作の中から選んだ南洋関係の油彩版画が、近く開催される町田市立国際版画美術館主催「美術家たちの『南洋群島』」展に出陳される。それらの美術作品の数々を併せ御鑑賞頂けば、洋画家であり、かつ民俗学者であった父の多面性を、なにがしか御理解願えると思う。

平成二〇年二月

染木策人筆
深尾凱子
染木萊子

写真提供
染木策人
町田市立国際版画美術館

書簡に託した『染木煦《あつし》のミクロネシア紀行』
発行日　二〇〇八年四月二〇日
著者　染木煦
監修　染木策人・深尾凱子・染木萊子
編集　滝沢恭司
発行者　嶋裕隆
発行所　株式会社求龍堂
東京都千代田区紀尾井町三—二三
文藝春秋新館七階　〒一〇二—〇〇九四
電話〇三—三二三九—三三八一（営業）
〇三—三二三九—三三八二（編集）
http://www.kyuryudo.co.jp
印刷・製本　光村印刷株式会社

Printed in Japan
ISBN978-4-7630-0815-2 C0095

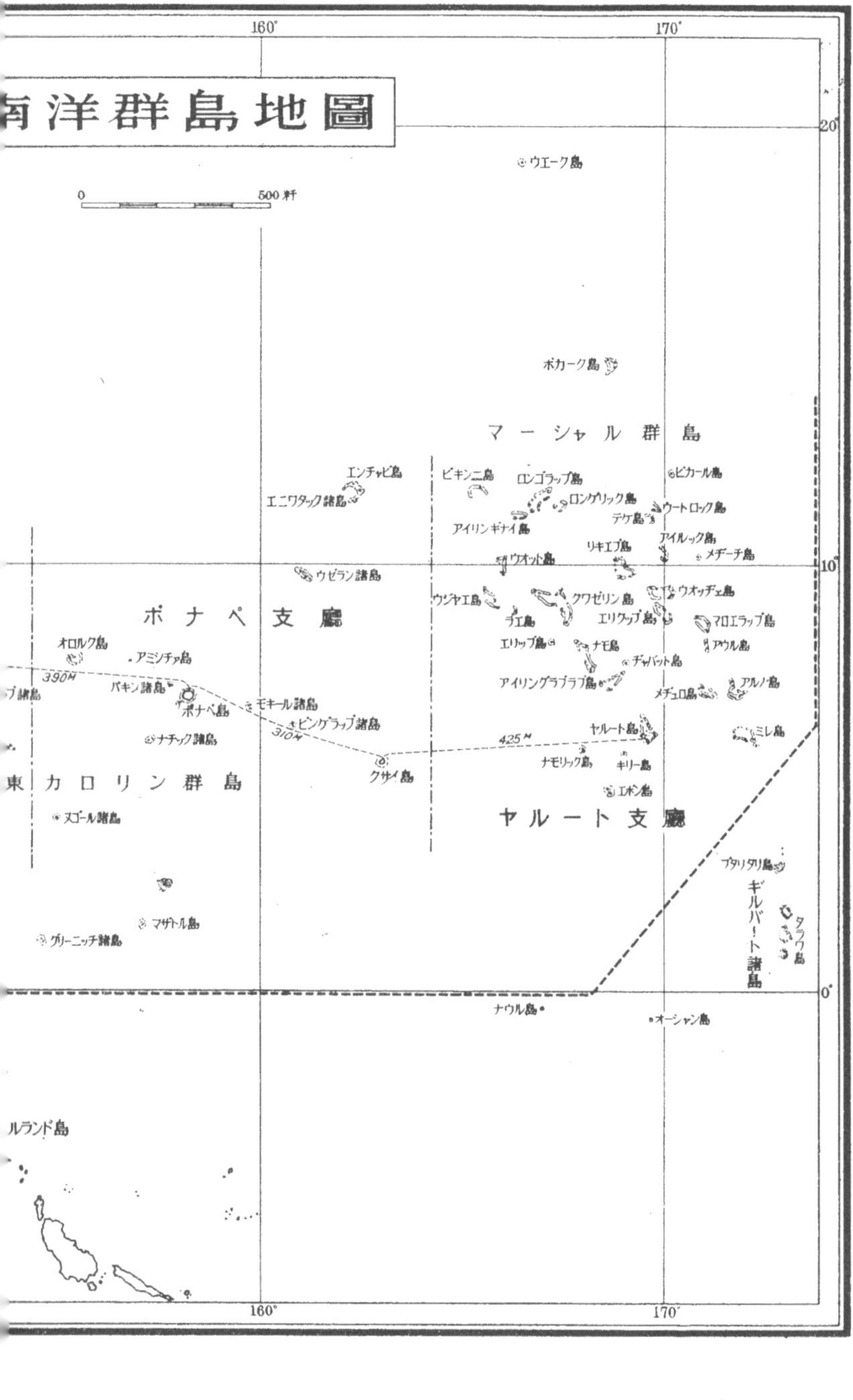
洋群島地圖
0 500 粁
160°
170°
20°
10°
0°
ウエーク島
ボカーク島
マーシャル群島
エンチャビ島
エニワタック諸島
ビキンニ島
ロンゴラップ島
ロンゲリック島
ビカール島
ウートロック島
テケ島
アイリンギナイ島
アイルック島
リキエプ島
メヂーチ島
ウオット島
ウゼラン諸島
ウジヤエ島
クワゼリン島
ウオッヂェ島
ラエ島
エリクップ島
マロエラップ島
エリップ島
ナモ島
アウル島
ヂャバット島
アイリングラプラプ島
アルノ島
メヂュロ島
ミレ島
ヤルート島
ナモリック島
キリー島
エボン島
ヤルート支廳
ポナペ支廳
オロルク島
アミシチャ島
390M
パキン諸島
ポナペ島
モキール諸島
ピンゲラップ諸島
310M
425M
ナチック諸島
クサイ島
東カロリン群島
ヌゴール諸島
マザトル島
グリーニッチ諸島
ブタリタリ島
ギルバート諸島
タラワ島
ナウル島
オーシャン島
ルランド島